MES FICHES perso

3e

HISTOIRE | GÉOGRAPHIE | EMC

Laurent Pech
Julien Frugère

Nathan

Mode d'emploi des fiches perso

Rédige tes fiches de synthèse !

Complète tes fiches avec les stickers qui se trouvent à la fin de l'ouvrage.

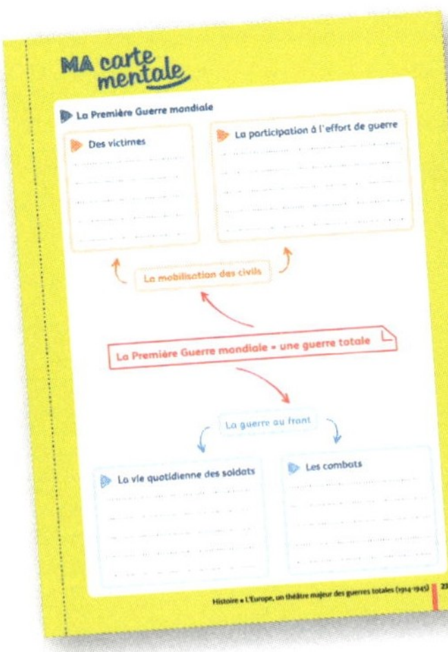

Personnalise tes cartes mentales !

ISBN : 978-2-09-157376-2

Sommaire

Lue | Relue | Apprise

Méthodologie

HISTOIRE

L'Europe, un théâtre majeur des guerres totales (1914-1945)

Le monde depuis 1945

Sommaire

Françaises et Français dans une République repensée

Lue | Relue | Apprise

GÉOGRAPHIE

Les dynamiques du territoire français

Aménager le territoire français

Sommaire

Lue | Relue | Apprise

La France et l'Union européenne

ENSEIGNEMENT MORAL ET CIVIQUE

La République et la citoyenneté

La vie démocratique

Sommaire

La Défense et la paix

Lue | Relue | Apprise

Réussir l'épreuve du brevet

1

mes notes

L'épreuve d'Histoire-Géographie–Enseignement morale et civique (EMC) du brevet a lieu en fin d'année de 3e. Elle porte sur le programme de l'année dans chacune des trois matières. Elle nécessite donc de solides connaissances sur le programme et la maîtrise des compétences essentielles attendues à la fin du collège.

1 L'organisation

- **L'épreuve d'Histoire-Géographie-EMC dure 2 heures et est notée sur 50 points.**
- Elle a pour objectif d'évaluer **deux compétences** fondamentales qui doivent être acquises à la fin du collège :

– la capacité d'analyse et de compréhension de documents ;
– la capacité de maîtrise de différents langages.

L'analyse et la compréhension de documents	• Être capable de comprendre le sens d'un document, sa portée historique. • Être capable d'exercer un esprit critique sur ce document.
La maîtrise de différents langages pour raisonner et se repérer	• Être capable de rédiger une réponse construite et correcte sur le plan de la langue française mais également pouvoir manier d'autres types de langage comme le langage cartographique en réalisant un croquis ou en complétant une carte simple.

2 Description de l'épreuve

- L'épreuve d'Histoire-Géographie-EMC se divise en **trois exercices :**

– Exercice 1 : Histoire ou Géographie
– Exercice 2 : Géographie ou Histoire
– Exercice 3 : EMC.

- Les deux compétences évoquées précédemment font chacune l'objet d'un exercice. Selon les sujets, l'Histoire ou la Géographie porteront **soit sur l'analyse d'un document, soit sur un travail de maîtrise de langages.**

A Analyser et comprendre des documents

- 5 ou 6 questions sont posées sur un document long.
- Le document peut être de nature très variée : un texte (lettre, discours...), une affiche, une photographie...

mes notes

B Maîtriser différents langages pour raisonner et se repérer

L'exercice se divise en deux tâches :

- Une **question posée** à laquelle il faut répondre de façon développée et organisée. Cette réponse doit prendre la forme d'un texte de plusieurs lignes réutilisant les connaissances acquises pendant l'année.
- Puis un **travail plus court sur une autre forme de langage**. De nombreux exercices peuvent être proposés : réalisation d'une tâche cartographique, réalisation d'un croquis ou d'un schéma, travail sur une frise chronologique en Histoire...

C L'Enseignement moral et civique

- Il s'agit d'**analyser un ensemble de 2 ou 3 documents** qui partagent le même thème.
- 3 questions sont posées sur les documents. On demande de remobiliser des connaissances et des repères sur les lois, la vie politique et sociale, mais aussi de faire preuve de sensibilité par rapport à une situation donnée.
- L'élève peut également être amené à prendre parti et à argumenter une opinion.

3 La notation

L'épreuve est notée sur 50 points répartis selon le barème suivant :

Histoire	Géographie	EMC
20 points	20 points	10 points

4 Savoir organiser son temps

	Analyse de documents (Histoire ou Géographie)	Maîtrise de différents langages (Histoire ou Géographie)	Exercice d'EMC
Brouillon	15 minutes	20 minutes	10 minutes
Rédaction	20 minutes	20 minutes	20 minutes
Relecture	5 minutes	5 minutes	5 minutes

MON tracker de révision

Colorie tes fiches de synthèse quand tu les maîtrises

	FICHE 1	FICHE 2	FICHE 3	FICHE 4	FICHE 5
FICHE 6	FICHE 7	FICHE 8	FICHE 9	FICHE 10	FICHE 11
FICHE 12	FICHE 13	FICHE 14	FICHE 15	FICHE 16	FICHE 17
FICHE 18	FICHE 19	FICHE 20	FICHE 21	FICHE 22	FICHE 23
FICHE 24	FICHE 25	FICHE 26	FICHE 27	FICHE 28	FICHE 29
FICHE 30	FICHE 31	FICHE 32	FICHE 33	FICHE 34	FICHE 35
FICHE 36	FICHE 37	FICHE 38			

Prêt pour le Brevet !

MA check-list

pour organiser mes révisions

	FAIT	À FAIRE
Je définis mes objectifs et je les écris	☐	☐
Je fais la liste de mes points forts	☐	☐
Je fais la liste de ce qui me pose problème	☐	☐
Je m'organise et je planifie mes révisions	☐	☐
....	☐	☐
....	☐	☐
....	☐	☐
....	☐	☐
....	☐	☐
....	☐	☐
....	☐	☐
....	☐	☐
....	☐	☐
....	☐	☐

MA check-list

TOP 5 de mes objectifs pour le Brevet

1. ....
....
2. ....
....
3. ....
....
4. ....
....
5. ....
....

LISTE de mes points forts

....
....
....
....
....
....
....
....
....
....

LISTE de ce qui me pose problème

....
....
....
....
....
....
....
....
....
....

MES révisions

LISTE de mes méthodes de révision

....

....

....

....

....

....

....

....

....

....

MÉMO

....

....

....

....

....

....

....

....

....

....

DATES importantes de mon planning

....

....

....

....

....

....

....

....

....

....

Civils et militaires dans la Première Guerre mondiale

2

Lue Relue Apprise

mes notes

Par sa durée, sa violence et ses conséquences, la Première Guerre mondiale constitue un tournant dans l'histoire européenne.

1 Les trois phases de la guerre

A La guerre de mouvement (1914)

- En août 1914, l'armée allemande envahit la France. Son avancée est stoppée lors de la **bataille de la Marne** en septembre 1914 au prix de 500 000 morts. La situation est bloquée à l'Est : l'armée allemande est stoppée par les troupes russes alliées à la France et à la Grande-Bretagne.

B La guerre de position (1915-1917)

- Pour empêcher l'ennemi d'avancer, les armées creusent des **tranchées** de part et d'autre de la ligne de front. Les offensives destinées à les en déloger sont des échecs sanglants. C'est le cas de la **bataille de Verdun** (1916) : 500 000 morts et 200 000 blessés pour un résultat nul.

C Le retour de la guerre de mouvement (1918)

- En 1917, les États-Unis entrent en guerre. Les Alliés franco-britanniques se retrouvent renforcés par l'afflux d'hommes et de matériel.
- Leurs offensives viennent à bout de la résistance des Allemands qui signent un armistice le **11 novembre 1918**.

2 Une violence inédite

A Une guerre meurtrière

- **De nouvelles armes très meurtrières sont utilisées** : avions, tanks, lance-flammes, gaz toxiques, mitrailleuses.
- Pendant plus de deux ans, les hommes vivent dans des tranchées dans des **conditions extrêmes** : la pluie, le froid, la boue, les poux font leur quotidien. Dans certains cas, la guerre devient tellement insupportable que des soldats refusent d'aller combattre. Des mutineries éclatent dans les tranchées.

B Les civils victimes de la guerre

- La guerre entraîne des bouleversements pour la vie quotidienne des populations civiles : les femmes doivent travailler dans les usines pour remplacer les hommes partis au combat. Les usines sont utilisées pour produire des armes et des munitions.

mes notes

● **Les conditions de vie des populations à l'arrière des zones de combat sont difficiles** : les productions agricoles, le bétail, les moyens de transport sont réquisitionnés pour les armées. Les populations souffrent de **pénuries alimentaires** et doivent fuir les zones de combat.

● Dans l'Empire ottoman (actuelle Turquie), allié de l'Allemagne, la minorité arménienne est accusée de soutenir la Russie. Le Gouvernement ottoman organise un **génocide** qui provoque la mort de plus de la moitié des Arméniens

lexique

Génocide : extermination programmée d'un peuple en vue de le supprimer totalement.

C Un terrible bilan

● 9 millions de personnes sont tuées durant la guerre. Plus de 6 millions d'hommes sont blessés, défigurés ou mutilés à vie. De nombreux soldats rentrent du front traumatisés et de nombreuses villes sont à reconstruire.

3 L'Europe bouleversée

A La révolution russe

● En Russie, la guerre affaiblit le pouvoir du tsar Nicolas II. Une partie de l'armée demande à quitter la guerre. En février 1917, un soulèvement populaire le contraint à céder le pouvoir à un Gouvernement provisoire.

● Celui-ci est à son tour renversé par un coup d'État organisé en octobre 1917 par les **bolcheviks**, menant Lénine au pouvoir. L'une de ses premières décisions est de conclure une paix séparée avec l'Allemagne.

lexique

Bolcheviks : communistes partisans de Lénine.

B Le traité de Versailles (1919)

● Les vainqueurs imposent à l'Allemagne le **traité de Versailles.** Jugée responsable de la guerre, elle est contrainte à payer de lourdes indemnités.

● Son territoire et son armée sont réduits (perte de l'Alsace et de la Lorraine au profit de la France).

Doc. La Première Guerre mondiale

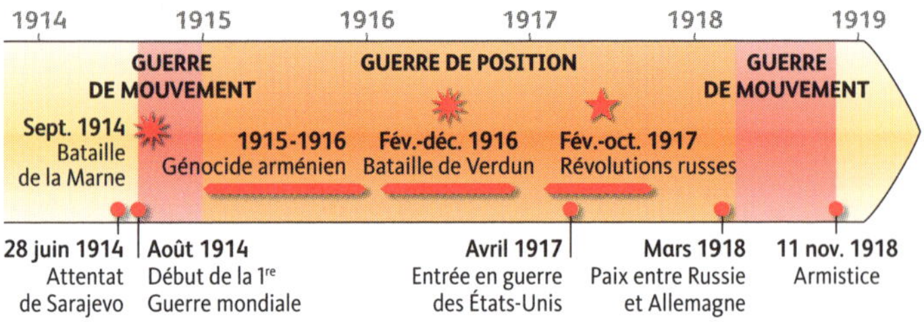

Les expériences totalitaires dans l'entre-deux-guerres

3

Lue Relue Apprise

mes notes

Dans les années qui suivent la Première Guerre mondiale, de nouveaux régimes politiques apparaissent en Europe. Il s'agit de régimes totalitaires.

1 Des pays fragilisé après la Première Guerre mondiale

A Les mécontentements de 1919

- Le **traité de Versailles de 1919** laisse de nombreux mécontentements. L'Allemagne est condamnée à payer des réparations très lourdes, son armée est réduite. L'Allemagne perd l'Alsace et la Moselle au profit de la France ; à l'Est le pays est divisé en deux par le couloir de Dantzig, donné à la Pologne. Le traité de Versailles entraîne des tensions entre d'autres pays d'Europe comme entre la Russie et la Pologne.
- Une organisation internationale créée à la fin de la Première Guerre mondiale, la Société des Nations (SDN), ne parvient pas à apaiser les tensions en Europe.

B La crise économique des années 1930

- À la fin des années 1920, l'Europe est touchée par une grave crise économique. Celle-ci commence en 1929 aux États-Unis puis s'étend à l'Europe.
- Cette crise appelée **Grande Dépression** entraîne une hausse du chômage. Les monnaies perdent leur valeur et les prix des produits quotidiens augmentent. Cette crise entraîne des mécontentements et des mouvements sociaux que les partis d'extrême droite utilisent pour critiquer les régimes en place.

2 Le régime nazi

A Une prise de pouvoir démocratique (1933)

- En Allemagne, la défaite de 1918 a contraint l'empereur Guillaume II à abdiquer. La « République de Weimar » qui lui succède est fragilisée par la crise économique. Se faisant le porte-parole du mécontentement des Allemands, Adolf Hitler multiplie les succès électoraux à la tête du **Parti national-socialiste** (**NSDAP**) aussi appelé Parti nazi.
- Aux élections législatives de 1932, le Parti nazi totalise près de 40 % des voix. **Hitler devient chancelier le 30 janvier 1933**.

mes notes

B Hitler au pouvoir

- Hitler s'assure le pouvoir en faisant du Parti national-socialiste le seul parti autorisé. Les opposants politiques sont arrêtés par une police politique appelée **la Gestapo** et enfermés dans des **camps de concentration**. Le premier camp est ouvert à Dachau dès 1933. Des troupes armées, les SS, sont chargées de faire régner la terreur dans les villes.
- **Tous les moyens de communication sont contrôlés**. Les médias sont censurés, la poste et les conversations téléphoniques sont surveillées.
- Le régime nazi **embrigade les jeunes** dans les Jeunesses hitlériennes.
- Une propagande développe un **culte de la personnalité** autour du chef, Hitler, appelé le *Führer* (le guide).

Lexique

Embrigadement : faire entrer quelqu'un dans une organisation chargée de l'éduquer de force.
Antisémitisme : haine envers les juifs.

C Un régime raciste

- Le régime nazi est **raciste et en particulier antisémite**. Hitler développe des théories **antisémites** dans son livre *Mein Kampf*, il pense que les juifs sont inférieurs au peuple allemand.
- **Les lois de Nuremberg** mises en place par les nazis en 1935 retirent la citoyenneté et de nombreux droits aux juifs.
- Les juifs, les Tsiganes, les handicapés, les homosexuels sont arrêtés et déportés dans les camps de concentration.

3 D'autres expériences totalitaires en Europe

A L'URSS

- À la **mort de Lénine en 1924, Staline** prend la tête du Parti communiste et le pouvoir en URSS.
- Une propagande organise un véritable culte de sa personnalité. Staline se fait appeler le « Petit père du peuple ».
- Les opposants sont éliminés ou déportés au **goulag** lors de la « grande terreur » (1937-1938).

Lexique

Goulag : camp de concentration de l'URSS.
Fascisme : doctrine mise en place par Mussolini fondée sur le nationalisme, le culte du chef et le rejet de la démocratie.

B Des régimes totalitaires dans d'autres pays d'Europe

- **En Italie, Mussolini** prend le pouvoir avec son mouvement **fasciste** à la suite d'un coup d'État en 1922. Il se fait appeler le *Duce* (le guide).
- **En Espagne**, un régime militaire d'inspiration fasciste dirigé par le général **Franco** prend le pouvoir à la suite d'une guerre civile contre les Républicains de 1936 à 1939.

La France dans l'entre-deux-guerres

4

Lue Relue Apprise

mes notes

Malgré la victoire en 1918, la France sort de la Première Guerre mondiale profondément affaiblie et divisée.

1 Une France victorieuse mais divisée

A Le retour des divisions

- À peine la victoire contre l'Allemagne est-elle acquise que l'Union sacrée scellée en 1914 vole en éclat. Les conditions de la paix négociée avec l'Allemagne divisent les partisans de la sévérité et ceux de la réconciliation.

B L'impact de la révolution russe

- Les révolutions russes influencent les grandes grèves ouvrières de 1919. Celles-ci sont réprimées de manière implacable par le président du Conseil, **Georges Clemenceau**.

biographie

Georges Clemenceau (1841-1929)

Surnommé « le Tigre », il est président du Conseil de 1917 à 1920 et conduit la France à la victoire contre l'Allemagne. Il se distingue par la suite par sa fermeté à l'égard de l'extrême gauche.

2 La République en crise dans les années 1930

A La République fragilisée

- La **crise économique de 1929** affecte profondément la France, provoquant une forte montée du chômage et des pénuries alimentaires dans les grandes villes.
- Sur le plan politique, la IIIe République connaît une grande instabilité. Les gouvernements se succèdent sans parvenir à se maintenir au pouvoir. Des scandales politiques éclaboussent des personnalités politiques.
- Des groupuscules d'extrême droite antiparlementaristes contestent alors la République. Le 6 février 1934, plusieurs de ces mouvements, appelés les Ligues, descendent dans les rues de Paris et marchent vers l'Assemblée nationale. Leur manifestation tourne à l'émeute.

lexique

Antiparlementarisme : opposition au régime parlementaire, accusé d'instabilité et de corruption.

B La gauche unie face au péril fasciste

- La crainte d'une prise du pouvoir par l'extrême droite antirépublicaine pousse les principales formations de gauche, la SFIC, le Parti radical et la SFIO à former une alliance électorale sous le nom de **Front populaire**.

lexique

SFIC : Section française de l'internationale communiste, ancêtre du Parti communiste.

mes notes

- Aux **élections législatives de juin 1936**, ils obtiennent 376 des 598 sièges de députés. La SFIO, avec 157 députés, est la première force de la coalition. Son leader **Léon Blum** devient chef d'un Gouvernement auquel, bien qu'ils le soutiennent, les communistes refusent de prendre part.
- Un **mouvement de grève** massif est déclenché, souvent accompagné d'occupation des lieux de travail. Il s'agit pour les ouvriers de montrer leur soutien au Front populaire tout en lui faisant pression afin que les réformes promises soient engagées rapidement.

lexique

SFIO : Section française de l'internationale ouvrière, ancêtre du Parti socialiste.

biographie

Léon Blum (1872-1950)
Leader de la SFIO, chef de gouvernement du Front populaire de juin 1936 à juin 1937. Il est arrêté et jugé par le régime de Vichy qui l'accuse d'être à l'origine, par sa politique de loisirs, de la défaite de 1940.

3 L'action du Front populaire

A Les accords Matignon

- Pour mettre un terme aux grèves, Léon Blum convoque patronat et syndicats afin d'engager des négociations. Celles-ci aboutissent à la signature, le 7 juin 1936, des **accords Matignon**.
- Ceux-ci obligent les employeurs à signer des conventions collectives et à respecter la liberté syndicale. Une augmentation générale des salaires, comprise entre 7 % et 15 %, est également adoptée.

lexique

Convention collective : accord conclu entre le patronat et les syndicats qui réglemente les conditions de travail et de rémunération dans une branche professionnelle.

B Les lois sociales

- Les 11 et 12 juin 1936, le Parlement vote deux lois accordant **deux semaines de congés payés** par an aux travailleurs. Le temps de travail est limité à 40 heures hebdomadaires.
- Ces mesures ont un double objectif : améliorer la qualité de la vie des travailleurs et partager le travail afin de faire diminuer le chômage.

C Un bilan en demi-teinte

- La politique du Front populaire n'obtient pas les résultats espérés. Le chômage reste élevé et les hausses de salaire ne font pas face à l'inflation, ce qui pousse les ouvriers à relancer les grèves.
- La politique du Front populaire est vivement critiquée par la droite et la bourgeoisie. Malgré ses résultats économiques décevants et sa brièveté, le Front populaire demeure un moment marquant de l'histoire française.

lexique

Inflation : hausse des prix.

La Seconde Guerre mondiale, une guerre d'anéantissement

5

Lue Relue Apprise

mes notes

Au cours de la Seconde Guerre mondiale (1939-1945), l'Allemagne et le Japon ne visent pas seulement à vaincre mais à anéantir.

1 Une guerre d'une ampleur et d'une brutalité inouïes

A La lutte à mort de deux idéologies

- La Seconde Guerre mondiale n'oppose pas simplement des États, mais des **idéologies radicalement contradictoires**.
- L'Allemagne veut accroître son « espace vital » et assurer la suprématie de la « race aryenne ». Au contraire, les Alliés (États-Unis, URSS et Grande-Bretagne) combattent au nom de la défense des droits de l'Homme, de la liberté et de la démocratie.

lexique

Idéologie : doctrine inspirant la politique d'un groupe ou d'un État.
Espace vital (*Lebensraum*) : territoire jugé par les nazis comme indispensable à la survie de la « race aryenne ».
Race aryenne : pour les nazis, race supérieure à toutes les autres.

B Un déchaînement de violence sans précédent

- Les villes font l'objet de **bombardements aériens massifs** et les États-Unis recourent par deux fois à l'arme atomique (plus de 150 000 morts).
- Les conventions internationales encadrant la guerre sont largement bafouées : 3 millions de soldats soviétiques faits prisonniers par l'armée allemande sont assassinés.

C Les civils en première ligne

- La guerre fait plus de 50 millions de morts, dont 20 millions pour l'URSS.
- Fait nouveau, **plus de la moitié des victimes de la guerre sont des civils** : c'est dix fois plus que lors de la Première Guerre mondiale.

2 Une guerre d'anéantissement

A Une guerre de « races »

- L'idéologie nazie prétend préserver la « race aryenne » des populations qui pourraient altérer sa pureté et sa prétendue supériorité. Dès avant la guerre, les juifs, les Tsiganes, les homosexuels ou les malades mentaux sont rejetés de la société.
- Lorsque les Allemands prennent possession d'une partie de l'Europe de l'Est, ils organisent dans les villes le regroupement des populations juives dans des ghettos surpeuplés où règnent la misère, la faim et les maladies.

lexique

Ghetto : quartier dans lequel les juifs sont concentrés sous la contrainte.

mes notes

B Le génocide

- Dès 1941, les ***Einsatzgruppen***, exécutent massivement les populations juives : c'est la « **Shoah** ».
- En 1942, à la conférence de Wansee, les nazis décident de la « solution finale à la question juive ».
- Dans toute l'Europe sous domination nazie, **les juifs sont traqués** et envoyés dans des camps de concentration ou d'extermination. Les **Tziganes** sont également victimes de ce génocide.
- Dans les **camps de concentration**, les mauvais traitements et le travail forcé aboutissent à la mort rapide des détenus. Dans les **camps d'extermination**, la mort est administrée de manière industrielle : les déportés sont conduits vers de prétendues douches qui sont en fait des **chambres à gaz** dont nul ne réchappe.
- Les nazis tentent d'effacer les traces du génocide en faisant disparaître les cadavres à l'aide de **fours crématoires.** Au total, 3 millions de juifs sont morts dans les camps, et 2 millions en dehors. 250 000 des 750 000 Tziganes ont subi le même sort.

lexique

Einsatzgruppen : *groupes d'intervention* de l'armée allemande, chargés d'éliminer les populations indésirables dans les territoires d'Europe de l'Est occupés par les nazis.

Shoah : terme hébreu signifiant *catastrophe*, utilisé à partir des années 1980 pour désigner le génocide des Juifs d'Europe.

Le bilan de la guerre

	Civils (en millions)	Militaires (en millions)
URSS	16	8
Chine	11	3
Pologne	5,7	0,124
Allemagne	3,8	4,5
France	0,35	0,21
États-Unis		0,3
Total tous les pays (en % du nombre de victimes)	62 %	38 %

Doc. La Seconde Guerre mondiale

La France défaite et occupée

6

mes notes

☐ Lue ☐ Relue ☐ Apprise

Vaincue et occupée par l'Allemagne en 1940, la France républicaine est remise en cause par le régime de Vichy mais son héritage est préservé par la Résistance.

1 La France vaincue

A La défaite de 1940

- Entrées en France le 10 mai 1940, les troupes allemandes atteignent Paris un mois plus tard. Le chef du Gouvernement, Paul Reynaud, démissionne le 16 juin. Il est remplacé par le **maréchal Philippe Pétain**, héros de la Première Guerre mondiale.
- **Le 22 juin, un armistice est signé avec l'Allemagne**. La France accepte l'occupation de la partie nord de son territoire.

biographie

Philippe Pétain (1856-1951)
Maréchal qui conduit les troupes françaises à la victoire à Verdun (1916). Il dirige l'État français de 1940 à 1944. Condamné à mort en 1945 pour sa collaboration avec les nazis, il meurt en détention.

B La fin de la IIIe République

- Les députés accordent le 10 juillet 1940 des pouvoirs exceptionnels au maréchal Pétain. Il met en place un régime qui tourne le dos aux valeurs républicaines : « **l'État français** ». Le Parlement est suspendu et le chef de l'État détient tous les pouvoirs.
- **Le territoire français est divisé en deux parties** : une « zone occupée » par l'Allemagne au Nord et une « zone libre » au Sud. Le Gouvernement français s'installe à Vichy.
- Le gouvernement de Vichy cherche à censurer les médias et à surveiller les communications postales et téléphoniques.

2 Le régime de Vichy et la collaboration

A Le régime de Vichy, un régime réactionnaire et raciste

- Des valeurs traditionnelles sont mises en avant : une nouvelle devise, « **Travail, famille, patrie** », est censée marquer la rupture avec la IIIe République.
- Par de la propagande, le Gouvernement diffuse l'image d'une France rurale et catholique.
- Pétain veut transformer la société française selon ces valeurs en créant une « Révolution nationale ».
- Vichy rejette les populations considérées comme non françaises (tziganes, étrangers, etc.). **Les juifs de France sont stigmatisés**, leurs droits sont limités par un statut particulier, le statut juif.

lexique

Idée réactionnaire : Idée en faveur d'un retour à une société du passé et contre la modernité.

mes notes

B La collaboration avec l'Allemagne nazie

- Dès 1940, Pétain entame une politique de collaboration avec les nazis. Il **rencontre Hitler à Montoire** dans le centre de la France le 24 octobre 1940.
- À partir de 1943, les jeunes hommes français sont obligés d'aller travailler dans les usines et les fermes en Allemagne pour y remplacer les Allemands partis à la guerre. C'est le **Service de Travail Obligatoire** (STO).
- Une police française est chargée d'aider les SS à faire régner la terreur dans les villes et les campagnes françaises. Elle arrête les résistants et les juifs dans la « zone libre ».
- La France mène sa propre politique d'arrestation des juifs en organisant des **rafles**. Les juifs sont envoyés en convois ferroviaires dans les camps de concentration et d'extermination en Europe de l'Est.
- **En 1942, les Allemands envahissent la partie sud de la France.** La Gestapo est présente sur tout le territoire. Les nazis ne renversent pas le maréchal Pétain en qui ils voient un allié utile.

3 La Résistance s'organise

A À l'extérieur

- Réfugié à Londres, le **général de Gaulle** organise la Résistance. Dès **le 18 juin 1940**, il lance un appel à poursuivre le combat.
- Le général de Gaulle crée le **CFLN** en 1943 qui devient le **GPRF** en 1944. Il crée les **Forces Françaises Libres** (FFL), une armée de volontaires combattant aux côtés des Alliés.

B À l'intérieur

- En France, **des groupes de résistants se forment dès 1940.** Ils protègent des juifs, diffusent des appels à la résistance contre le gouvernement de Vichy et contre l'occupation allemande. Ils mènent des attaques contre des convois de l'armée allemande.
- Sous l'impulsion de Jean Moulin, un **Conseil national de la Résistance** (CNR) est créé en mai 1943. Il réunit les différents groupes de résistance afin de coordonner leurs actions et de préparer la restauration de la République. Un programme en ce sens est publié en mars 1944.

biographie

Charles de Gaulle (1890-1970)
Fondateur et dirigeant de la France Libre pendant la guerre, il se retire de la vie politique en 1946 jusqu'à son élection à la présidence de la République en 1958.

lexique

CFLN : Comité français de libération nationale, créé à Alger en 1943.
GPRF : Gouvernement provisoire de la République française, créé à Alger en 1944. Il prend la place du CFLN.

MA carte mentale

La Première Guerre mondiale

Des victimes

....

....

....

....

....

La participation à l'effort de guerre

....

....

....

....

....

La mobilisation des civils

La Première Guerre mondiale = une guerre totale

La guerre au front

La vie quotidienne des soldats

....

....

....

....

....

Les combats

....

....

....

....

....

MA carte mentale

La Seconde Guerre mondiale

La Seconde Guerre mondiale = une guerre d'anéantissement

Une guerre totale

Les massacres des civils

....

....

....

Des combats intenses

....

....

....

Le bilan de la guerre

Humain et matériel

....

....

....

Politique et territorial

....

....

....

La France dans la guerre

La collaboration

....

....

....

La résistance

....

....

....

MA carte mentale

L'Europe de l'entre-deux-guerres

L'Europe de l'entre-deux-guerres

L'Allemagne nazie

Un État totalitaire

....

....

....

Un État raciste

....

....

....

L'URSS de Staline

Un État totalitaire

....

....

....

Un État communiste

....

....

....

La France = une démocratie fragilisée

Le Front Populaire

....

....

....

Les remises en cause

....

....

....

MON récap'

Les dates

DATES	ÉVÉNEMENTS
....	Attentat de Sarajevo
....	Bataille de Verdun
....	Génocide arménien
....	Révolution bolchévique
....	Armistice de la Première Guerre mondiale
....	Traité de Versailles
....	Arrivée au pouvoir de Staline
....	Arrivée au pouvoir d'Hitler
....	Front Populaire en France
....	Invasion de la Pologne par l'armée allemande
....	Armistice franco-allemand
....	Attaque japonaise sur Pearl Harbor
....	Bataille de Stalingrad
....	Conférence de Wannsee
....	Débarquement allié en Normandie
....	Capitulation de l'Allemagne nazie
....	Bombe sur Hiroshima et Nagasaki
....	Appel du Général de Gaulle à la résistance
....	Rafle du Vel d'Hiv
....	Création du CNR

MON récap'

Les personnages-clés

VLADIMIR ILITCH LÉNINE (...... - ......)

....

....

JOSEPH STALINE (...... - ......)

....

....

ADOLF HITLER (...... - ......)

....

....

LÉON BLUM (...... - ......)

....

....

PHILIPPE PÉTAIN (...... - ......)

....

....

CHARLES DE GAULLE (...... - ......)

....

....

MON récap'

L'Europe, un théâtre majeur des guerres totales

La Première Guerre mondiale (1914-1918)

colle ton sticker

États vainqueurs

États vaincus

La Seconde Guerre mondiale (1939-1945)

● Auschwitz

Débarquement du 6 juin 1944

L'entre-deux-guerres (1919-1939)

colle ton sticker

États totalitaires

Démocraties

Le régime de Vichy (1940-1945)

colle ton sticker

La zone occupée

La zone libre

L'indépendance et la construction de nouveaux États

7

Lue Relue Apprise

mes notes

Quand s'achève la Seconde Guerre mondiale, la domination de l'Europe sur l'Afrique et l'Asie est de plus en plus contestée.

1 Des empires affaiblis

A Les conséquences de la guerre

- La défaite rapide de la France, des Pays-Bas et de la Belgique face aux troupes allemandes en 1940 porte atteinte au prestige de trois des principales puissances coloniales européennes.
- Face à elles, les **mouvements nationalistes** se renforcent et demandent l'indépendance.

B L'Europe isolée

- La **Charte des Nations unies**, adoptée en juin 1945, affirme « le principe de l'égalité des droits des peuples et de leur droit à disposer d'eux-mêmes ».
- Les États-Unis sont opposés au colonialisme. Mais ils doivent préserver leurs alliés européens dans le **contexte de la Guerre froide**, d'autant plus que certains mouvements nationalistes se réclament du communisme (Indochine, Malaisie).
- De son côté, **l'URSS dénonce la colonisation**, dans laquelle elle voit le prolongement du système capitaliste qu'elle combat.

C La colonisation contestée

- Dans les métropoles, la colonisation est de plus en plus contestée. Certains dénoncent la contradiction entre les idéaux généreux que l'Europe prétend défendre et la réalité coloniale.
- D'autres considèrent la colonisation comme un gaspillage.

2 L'éclatement progressif des empires coloniaux

A La décolonisation de l'Asie

- En Inde, **Gandhi** réclame le départ des Britanniques, ce que Londres accepte en 1947 à la suite de négociations.
- L'Indonésie proclame son indépendance en août 1945. Les Pays-Bas tentent de reprendre le contrôle de l'archipel par la force en 1948, mais, sous la pression de l'ONU et des États-Unis, renoncent en novembre 1949.
- En Indochine française, **Hô Chi Minh** réclame l'indépendance en 1945, ce qui déclenche la guerre d'Indochine. Le 7 mai 1954, les troupes françaises sont encerclées à Diên Biên Phu et capitulent.

biographie

Mohandas Gandhi (1869-1948)
Indépendantiste indien qui lutte de manière non violente contre la colonisation de l'Inde. Il meurt assassiné peu après l'indépendance.

mes notes

B La décolonisation de l'Afrique du Nord

● Cette défaite renforce la détermination des indépendantistes maghrébins. Sous leur pression, **la France accorde l'indépendance à la Tunisie et au Maroc en 1956**.

● Elle peut ainsi concentrer ses efforts sur l'Algérie qui s'est soulevée en 1954. Après une guerre de huit ans, le pays accède, en 1962, à l'indépendance.

biographie

Hô Chi Minh (1890-1969) Militant communiste, il dirige les indépendantistes indochinois en guerre contre la France entre 1946 et 1954.

C La décolonisation de l'Afrique noire

● Les colonies d'Afrique subsaharienne accèdent en dernier à l'indépendance, le plus souvent de manière pacifique. Le Ghana ouvre la marche en 1957, suivi en 1960 de toutes les colonies françaises, du Nigeria britannique et du Congo belge.

● Seul le Portugal tente de résister par la force à la décolonisation, mais il finit par céder en 1975 (Angola et Mozambique).

3 La difficile gestion de l'indépendance

A Des sociétés divisées

● Dans de nombreux pays, l'indépendance donne lieu à des **guerres civiles** entre les populations décolonisées. C'est le cas de l'Inde, coupée en deux États : le Pakistan destiné à accueillir les musulmans, et l'Union indienne à majorité hindouiste.

● En 1962, les habitants d'origine européenne fuient l'Algérie tandis que des règlements de compte font de nombreux morts parmi les populations musulmanes.

B Le temps des désillusions

● Souvent, les groupes qui s'étaient battus pour obtenir l'indépendance confisquent le pouvoir à leur seul profit une fois celle-ci obtenue (**FLN** en Algérie). Beaucoup de pays décolonisés deviennent des **dictatures** réprimant leurs opposants plus sévèrement encore que ne le faisaient les colonisateurs.

● Dans ces conditions, l'indépendance ne permet pas d'améliorer le niveau de vie des populations.

lexique

FLN : Front de Libération Nationale, principal groupe indépendantiste algérien.

Deux modèles qui s'opposent, les États-Unis et l'URSS

8

Lue Relue Apprise

mes notes

Alliés contre les puissances de l'Axe durant la Seconde Guerre mondiale, les États-Unis et l'URSS, devenus les deux « Grands », entrent en conflit dès la victoire acquise.

1 Une opposition entre les deux vainqueurs de la Seconde Guerre mondiale

A Règlement de la guerre

- L'URSS et les États-Unis, alliés durant la guerre, se divisent une fois la victoire obtenue et des tensions apparaissent rapidement.
- Les Américains tiennent à ce que les peuples libérés des nazis décident démocratiquement de leur avenir. Staline souhaite imposer le modèle communiste, de gré ou de force, dans les pays libérés par l'armée soviétique.
- Les États-Unis et l'URSS ainsi que le Royaume-Uni s'entendent sur les grandes lignes de la réorganisation de l'Europe lors de **grandes conférences internationales** à Téhéran en 1943 puis à **Yalta** (**février 1945**).

B La constitution de deux blocs ennemis

- Les deux pays tentent d'étendre leur influence et constituent chacun un bloc avec leurs alliés : le bloc de l'Est autour de l'URSS et le bloc occidental autour des États-Unis.
- Pour arrêter l'expansion du communisme, les États-Unis mettent en place une aide militaire (OTAN) et économique (**plan Marshall**) pour leurs alliés européens.
- Pour contrer le plan Marshall, l'URSS crée le CAEM. En 1955, le **pacte de Varsovie** donne naissance à une alliance militaire rivale de l'OTAN.

lexique

OTAN : Organisation du traité de l'Atlantique nord.
CAEM : Conseil d'assistance économique mutuelle.

2 Deux idéologies opposées

- Chacun des deux pays s'affirme comme le défenseur de la démocratie contre l'impérialisme. Cependant, les États-Unis défendent leur **constitution démocratique** alors que l'URSS représente un modèle de **régime autoritaire dominé par un parti unique, le Parti communiste**.
- Le modèle économique des États-Unis tourné vers le **capitalisme** s'oppose à **l'idéal socialiste** et à **l'organisation planifiée et dirigiste** à l'œuvre dans le bloc soviétique.

lexique

Impérialisme : volonté de contrôler des territoires plus étendus que le sien.

mes notes

3 L'opposition culturelle entre les deux puissances

A La propagande pour s'opposer à l'autre

- Pour imposer leur modèle dans le monde, l'URSS et les États-Unis utilisent des moyens de **propagande** divers (cinéma, littérature) afin de valoriser leur propre modèle et de dénoncer leur rival.
- Les grands évènements internationaux peuvent être des occasions pour chacune des deux puissances de montrer leur puissance. Les Jeux olympiques sont organisés successivement par l'URSS à Moscou en 1980 puis par les États-Unis à Los Angeles en 1984.

B Une concurrence scientifique

- Les deux grandes puissances se lancent dans une **course aux armements**. Les États-Unis ont fait l'étalage de leur puissance nucléaire en bombardant Hiroshima et Nagasaki en août 1945. L'URSS teste sa première **bombe atomique** en 1949.
- La **conquête de l'espace** est un autre domaine dans lequel s'exprime la concurrence entre les deux grandes puissances. L'URSS envoie le premier homme dans l'espace, Youri Gagarine (1961). Les États-Unis répondent en envoyant la première mission sur la lune en 1969 (mission Apollo 11 dirigée par Neil Armstrong).

Doc. **Le monde divisé en deux blocs pendant la Guerre froide**

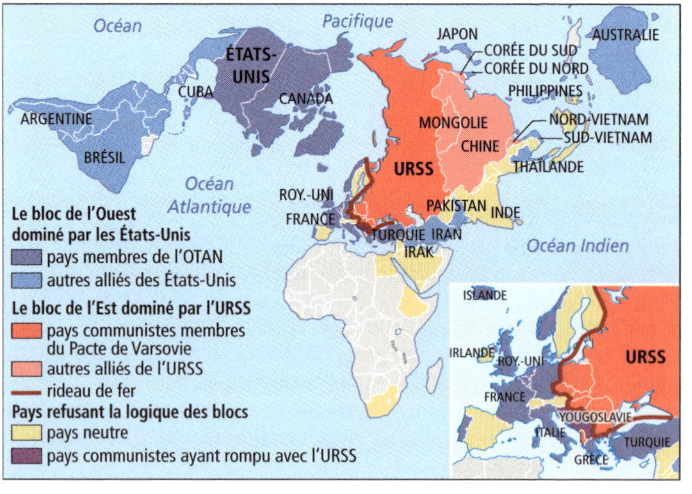

Berlin dans la Guerre froide

9

Lue Relue Apprise

mes notes

Du fait de son statut exceptionnel, la ville de Berlin a cristallisé les tensions entre les deux blocs durant toute la Guerre froide.

1 Une ville divisée

A L'Allemagne vaincue et occupée

- Le sort de l'Allemagne, vaincue par les Alliés en 1945, est fixé par la **conférence de Potsdam** en août 1945. Son territoire est réduit au profit de la Pologne et de l'URSS.
- Le pays passe sous le contrôle de ses vainqueurs qui le divisent en **quatre zones d'occupation**. Américains, Britanniques et Français contrôlent la partie ouest, les Soviétiques contrôlant la partie orientale.

dates-clés

- **Juin 1948-mai 1949** : blocus de Berlin
- **1961** : construction du mur de Berlin
- **1963** : visite de Kennedy à Berlin-Ouest
- **1989** : chute du mur
- **1990** : réunification allemande

B L'exception berlinoise

- La ville de Berlin, bien que située dans la zone d'occupation soviétique, connaît un sort à part en raison de son **importance symbolique**. Elle est elle-même divisée en quatre zones d'occupation.
- En conséquence, la partie ouest de Berlin constitue une **enclave sous domination occidentale en plein cœur du bloc soviétique**.

Doc. L'Allemagne en 1945

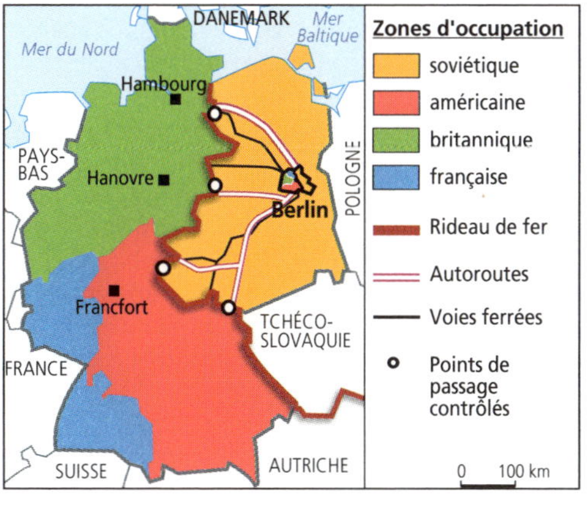

mes notes

2 Le blocus de Berlin-Ouest

A Le blocus

- Pour tenter de prendre le contrôle de Berlin-Ouest, Staline décide en juin 1948 d'en **bloquer tous les accès terrestres**.
- Le ravitaillement devenu impossible, il espère que les habitants assiégés se jetteront dans ses bras.

B Le pont aérien

- Mais c'est sans compter sur la réaction des États-Unis qui organisent un ravitaillement de Berlin-Ouest par les airs. C'est le « **pont aérien** » qui permet d'assurer la subsistance des 2,5 millions de Berlinois de l'Ouest.
- Démonstration de force américaine, le pont aérien pousse finalement Staline à lever le blocus le 12 mai 1949.

3 Le mur de Berlin

A Une entaille dans le rideau de fer

- De nombreux Allemands de l'Est trouvent refuge à Berlin-Ouest pour **fuir la dictature soviétique** et bénéficier de meilleures conditions de vie.
- Cet exode constitue une mauvaise publicité pour le bloc soviétique car il contredit la propagande qui prétend qu'on y vit mieux qu'ailleurs.

B Le mur

- Pour y mettre un terme, **Khrouchtchev** décide de faire ériger, dans la nuit du 12 au 13 août 1961, un **mur encerclant Berlin-Ouest**. Contrairement au blocus qui était tourné contre les Berlinois de l'Ouest, le mur est fait pour gêner les Allemands de l'Est en leur rendant impossible la fuite vers l'Ouest.
- Les Américains protestent contre ce qu'ils appellent le « **mur de la honte** » mais ne prennent pas le risque d'intervenir. Ils préfèrent l'utiliser pour discréditer l'URSS, comme lors de la **visite du président Kennedy à Berlin-Ouest** en 1963, au cours de laquelle il prononce son célèbre « *Ich bin ein Berliner* » (Je suis un Berlinois).
- C'est finalement sous la pression populaire qu'en novembre 1989, le mur est démantelé, préludant à la disparition de l'URSS et à la **réunification allemande**. Effective en 1990, celle-ci permet à Berlin de retrouver son statut de capitale.

Les crises principales de la Guerre froide

10

Lue Relue Apprise

mes notes

Entre 1947 et 1991, les États-Unis et l'URSS s'opposent sans jamais s'affronter directement.

1 Une guerre d'un genre nouveau

A Un conflit indirect

- Chacune des deux grandes puissances possède l'arme nucléaire et peut anéantir l'autre. **Leur opposition ne va donc jamais prendre la forme d'affrontements directs**. C'est pourquoi on qualifie cette guerre de « froide ».
- Chacun des deux pays utilise l'arme nucléaire avant tout comme une menace, une arme de dissuasion, mais le monde vit dans la peur d'une véritable guerre nucléaire sans précédent.
- Les deux Grands s'affrontent indirectement lors de graves crises. Il s'agit souvent de conflits régionaux dans lesquels ils s'appuient sur des groupes rebelles ou des États alliés.

2 Une succession de guerres et de crises

A La guerre de Corée (1950-1953)

- La Corée est divisée entre un Nord, sous influence soviétique, et un Sud, protégé par les États-Unis. En 1950, le parti communiste nord-coréen lance une offensive pour prendre le contrôle de la partie sud du pays.
- Les États-Unis envoient des troupes pour repousser cette invasion. Une guerre particulièrement meurtrière se déroule entre 1950 et 1953 et s'achève par le recul des troupes nord-coréennes. La frontière entre les deux Corées est fixée le long du 38e parallèle.

B La crise de Cuba (1962)

- À la tête de Cuba depuis 1959, **Fidel Castro** se rallie au camp soviétique. En 1962, Moscou installe sur l'île des missiles qui font peser une **menace nucléaire directe sur le territoire américain**.
- Le **22 octobre 1962**, le **président américain Kennedy** met en place un blocus naval autour de Cuba. Le 26 octobre, **Khrouchtchev** donne l'ordre aux navires soviétiques acheminant de nouveaux missiles vers Cuba de rebrousser chemin. Le monde a évité un affrontement militaire entre les deux Grands.

lexique

Blocus : fermeture des frontières et interdiction de tout échange imposées à un pays.

- À la suite de cette crise, l'URSS et les États-Unis commencent une **période de détente** : les chefs d'État se rencontrent à plusieurs reprises, les deux puissances limitent leur production de bombes atomiques.

mes notes

C La guerre du Vietnam

- Depuis 1954, le Vietnam est un pays indépendant, ancienne colonie française. Le pays est cependant divisé en deux parties : au Nord, un régime communiste est soutenu par la Chine et l'URSS, au Sud un gouvernement favorable aux États-Unis. **L'URSS et la Chine entendent unifier le pays, ils arment des groupes de combattants nord-vietnamiens.**
- Si les Soviétiques n'interviennent pas directement, les **États-Unis envoient des troupes au Vietnam** à partir de 1963.
- L'armée américaine doit affronter une **guérilla** qui les empêche d'avancer. Elle est contrainte de quitter le Vietnam en 1975.

Lexique

Guérilla : combat mené de façon dispersée, fait d'embuscades.

3 L'affirmation du tiers-monde

A À la recherche d'une place dans le monde

- Après leur indépendance, les anciennes colonies d'Afrique et d'Asie entendent obtenir plus de poids politique dans le monde. À l'issue de leur indépendance, ces nouveaux pays entrent à l'ONU.
- Ils tentent de se rapprocher pour parler d'une seule voix. Une grande conférence réunissant entre autres de nouveaux États indépendants est organisée à **Bandoeng en Indonésie en 1955**. Les participants critiquent la colonisation, ils appellent tous les pays encore sous contrôle européen à demander leur indépendance.

B L'organisation des « non-alignés »

- À Belgrade en Yougoslavie (1961), les pays participant à cette conférence s'organisent en un grand mouvement, ils se surnomment les « **non-alignés** » car ils veulent rester neutres et ne se placer ni du côté des États-Unis, ni du côté de l'URSS.
- En plus des anciennes colonies africaines et asiatiques, ce mouvement est également mené par **des États plus anciens qui veulent s'éloigner de l'influence soviétique** : la Yougoslavie de Tito, l'Égypte de Nasser.

Doc. **Les relations internationales (1945-2013)**

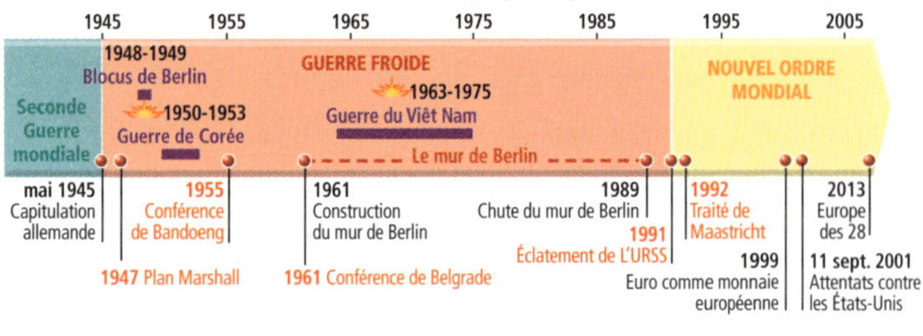

Affirmation et mise en œuvre du projet européen

11

Lue Relue Apprise

mes notes

Au sortir de la Seconde Guerre mondiale, la France et l'Allemagne cherchent à mettre en place un nouveau projet européen.

1 Les origines du projet européen

A La réconciliation franco-allemande

- La France et l'Allemagne de l'Ouest (RFA) décident de mettre de côté leur rivalité ancestrale pour unir leurs forces et faire face à la montée de l'URSS. Le **9 mai 1950**, le ministre français des Affaires étrangères, **Robert Schuman**, propose à la RFA de placer les ressources de charbon et d'acier des deux pays sous une autorité commune afin de créer une solidarité économique. L'objectif est de **rendre impossible une nouvelle guerre entre les deux pays**.
- La Belgique, le Luxembourg, les Pays-Bas et l'Italie se joignent à cette initiative qui donne naissance en 1951 à la **Communauté européenne du charbon et de l'acier (CECA)**.

B La construction européenne, stratégie d'endiguement du communisme en Europe

lexique

endiguement : stratégie mise en place par les États-Unis à partir de 1947 pour empêcher l'expansion du communisme dans le monde.

- L'Europe est une zone de concurrence entre les deux puissances de la Guerre froide. Le Premier ministre britannique Winston Churchill parle d'un « **rideau de fer** » séparant l'Europe de l'Ouest sous l'influence des États-Unis et l'Europe de l'Est sous la domination de l'URSS.
- Par des aides financières comme le plan Marshall, les États-Unis encouragent les pays d'Europe à s'organiser pour endiguer l'avancée du communisme en Europe.
- Les États-Unis encouragent également un rapprochement militaire franco-allemand mais le projet d'une **Communauté européenne de Défense (CED)** est rejeté en 1954 du fait du refus des députés français qui demeurent méfiants envers l'Allemagne.

2 La construction progressive d'une Europe unie

A Une Europe qui s'élargit peu à peu

lexique

Marché commun : espace au sein duquel les marchandises circulent sans avoir à payer de droits de douane.

- La **Communauté Économique Européenne (CEE)** voit le jour en 1957 avec la signature du traité de Rome. Un marché commun aux six pays membres de la CECA peut être organisé.
- La CEE connaît un grand succès économique. **D'autres États européens demandent peu à peu leur adhésion** (voir carte au verso).

mes notes

- En 1979, les premières élections au suffrage universel sont organisées pour élire des députés européens.

B L'approfondissement de l'Europe par l'Union européenne

Lexique

Approfondissement : lancement de nouvelles formes de coopérations entre les pays membres pour renforcer leur union.

- En 1992, la CEE se transforme en **Union européenne (UE)** par la signature du **traité de Maastricht**. Une citoyenneté européenne est créée dont bénéficient tous les citoyens des pays membres.
- L'Union européenne s'approfondit par de nouvelles réalisations communes : la convention de **Schengen** (1995) permet la mise en place d'une zone à l'intérieur de laquelle les déplacements sont totalement libres. L'**euro**, monnaie unique, entre en activité en 2002.
- Avec la chute de l'URSS en 1991, de nombreux pays européens peuvent intégrer l'UE. Il faut cependant respecter certains critères (être une démocratie, être suffisamment développé) pour y être accepté. L'UE rassemble **28 États aujourd'hui**. Ces nouveaux membres sont d'anciens pays du bloc soviétique, dominés par l'URSS jusqu'en 1991.

Doc. **La construction européenne, de 1951 à nos jours**

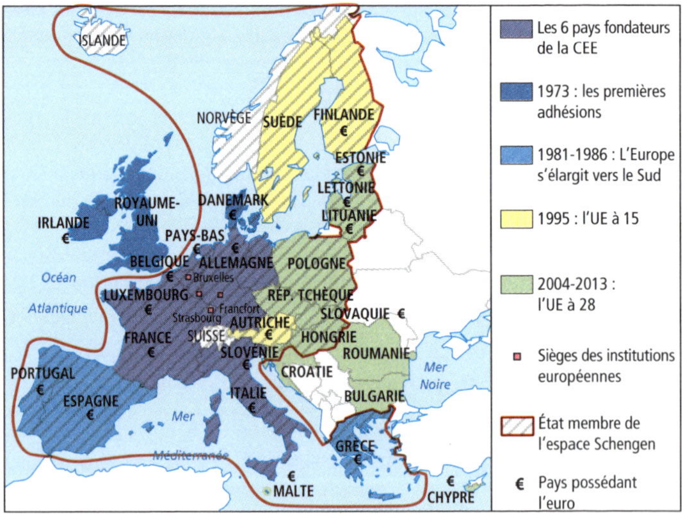

Enjeux et conflits dans le monde après 1989

12

Lue Relue Apprise

mes notes

Depuis la fin de la Guerre froide en 1991, les rapports de force mondiaux ont beaucoup évolué.

1 La puissance américaine

A Une puissance sans égale

- Pendant la Guerre froide, seule l'URSS dispose d'une armée capable de rivaliser avec celle des États-Unis. Son effondrement laisse l'armée américaine sans rivale de taille comparable.
- Présente sur tous les continents et les océans grâce à sa marine et à ses bases à l'étranger, elle est devenue le « gendarme du monde ».

lexique

Gendarme du monde : puissance dont on attend qu'elle règle les conflits du monde.

B Une puissance très sollicitée

- La **puissance exceptionnelle** dont disposent les États-Unis leur permet de défendre efficacement leurs intérêts. Mais **les États-Unis sont aussi sans cesse sollicités** pour intervenir dans les crises qui secouent le monde. On attend d'eux qu'ils usent de leurs moyens pour faire régner la paix et la justice.

C Une puissance contestée

- Frappés par des attentats terroristes islamistes le 11 septembre 2001, les États-Unis réagissent. Leurs interventions en Afghanistan (2001) et en Irak (2003-2011) ne sont pas un succès et les États-Unis sont vivement contestés.
- Certains les accusent d'abuser de leur puissance pour imposer leur domination sur le monde.

lexique

Terrorisme : méthode de guerre consistant à susciter la terreur chez l'adversaire.
Islamisme : doctrine politique qui veut imposer la loi musulmane comme seule loi.

2 L'émergence de nouvelles puissances

- Un groupe de **quelques pays en pleine croissance économique** dans les années 1990 et 2000 s'affirme dans le commerce mondial et cherchent à obtenir plus de poids sur la scène politique mondiale.
- **La Chine** dispose d'une population nombreuse et d'un vaste territoire. Elle bénéficie d'un siège permanent au Conseil de sécurité de l'ONU. Ses capacités militaires restent insuffisantes pour intervenir hors d'Asie.
- L'autre puissance émergente est **le Brésil**, dont l'armée est l'une des plus puissantes d'Amérique latine. Elle est une des principales productrices de matières premières minières et agricoles.
- Parmi ces nouvelles puissances en devenir, l'Inde, l'Afrique du Sud ou le Mexique gardent encore un temps de retard.

mes notes

- **L'Union européenne** est devenue une puissance concurrente des États-Unis. Elle constitue **le premier pôle économique mondial**. Sa monnaie, l'euro, est utilisée dans les échanges internationaux. L'UE peine encore à avoir un poids diplomatique réel car ses membres sont souvent divisés.

3 Un monde plus instable

A Des conflits régionaux multiples

- Les guerres se sont multipliées sur tous les continents avec la fin de l'équilibre entre l'URSS et les États-Unis et l'ONU peine à jouer un rôle important. En Afrique, au **Rwanda**, le pouvoir appartenant à la population hutue organise le génocide de la population tutsi en 1994.
- La fin du régime communiste en **Yougoslavie** aboutit à l'éclatement du pays. Plusieurs guerres très violentes éclatent entre 1991 et 2003 entre les nouveaux États issus de l'éclatement du pays. La Serbie organise des massacres de populations en Bosnie puis au Kosovo, la ville de Sarajevo est bombardée en 1992.

B Une grande zone de tensions : le Moyen-Orient

- Au début du XXIe siècle, le Moyen-Orient est la région qui concentre le plus de crises. Elle abrite des populations de langues et de religions différentes dont la cohabitation est souvent compliquée. On y trouve aussi la plupart des réserves mondiales de pétrole et de gaz, ce qui suscite de nombreuses convoitises.
- La création d'Israël en 1948 a engendré de vives tensions avec la Palestine et les pays voisins.
- **Les États-Unis interviennent à plusieurs reprises** (Afghanistan en 2001, Irak en 2003), mais les armées américaines peinent à rétablir l'ordre.
- En 2011, de nombreux pays du Maghreb et du Moyen-Orient sont secoués par des révolutions populaires. Ce mouvement est appelé le « **printemps arabe** ». En Tunisie, en Égypte, en Libye ou au Yémen, les dictateurs sont chassés du pouvoir.
- En **Syrie**, une guerre éclate entre le dictateur en place, des armées populaires et une nouvelle organisation islamiste intégriste, Daesh qui revendique des attentats dans le monde entier (13 novembre 2015 à Paris, mars 2016 à Bruxelles...).

Lexique

Moyen-Orient : ensemble des pays qui vont de l'Égypte à l'Afghanistan (d'Est en Ouest) et de la Turquie au Yémen (du Nord au Sud).

Lexique

Daesh : organisation terroriste se revendiquant de l'islamisme et ayant pour objectif de créer un État islamique entre la Syrie et l'Irak.

MA carte mentale

Le monde depuis 1945

- **Le monde depuis 1945**
  - **La guerre froide**
    - Des crises
      - ....
      - ....
      - ....
    - Des affrontements idéologiques
      - ....
      - ....
      - ....
  - **La décolonisation**
    - Les difficultés
      - ....
      - ....
      - ....
    - Les indépendances
      - ....
      - ....
      - ....
  - **Une nouvelle géopolitique**
    - Des puissances
      - ....
      - ....
      - ....
    - Des crises
      - ....
      - ....
      - ....

MA carte mentale

La construction européenne

Qui ?

Les acteurs

....

....

....

....

....

Quand ?

Les dates

....

....

....

....

....

La construction européenne

Pourquoi ?

Les causes

....

....

....

....

....

Comment ?

Les traités

....

....

....

....

....

MON récap'

Le monde depuis 1945

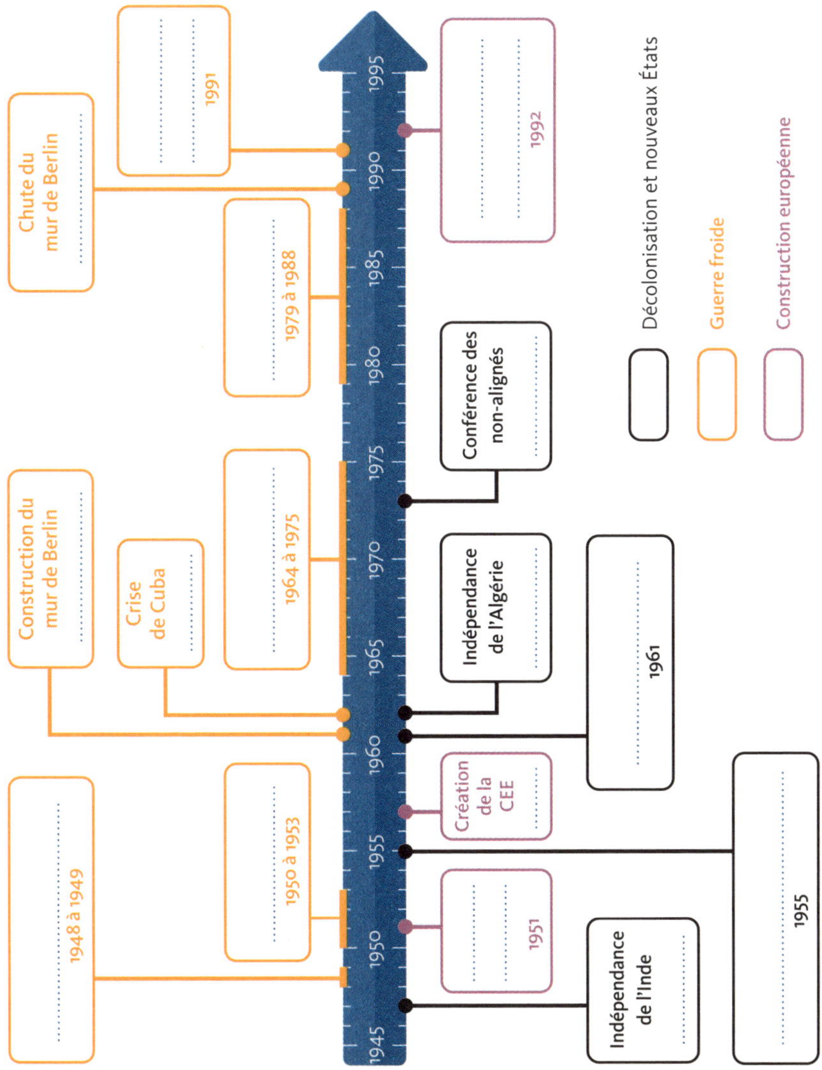

MON récap'

Les personnages-clés

GANDHI (...... - ......)

colle ton sticker

WINSTON CHURCHILL (...... - ......)

colle ton sticker

J. F. KENNEDY (...... - ......)

colle ton sticker

JEAN MONNET (...... - ......)

colle ton sticker

ROBERT SCHUMAN (...... - ......)

colle ton sticker

MIKHAÏL GORBATCHEV (...... - ......)

colle ton sticker

MON récap'

La construction européenne

* Réunification de l'Allemagne en 1990

MON récap'

Enjeux et conflits dans le monde

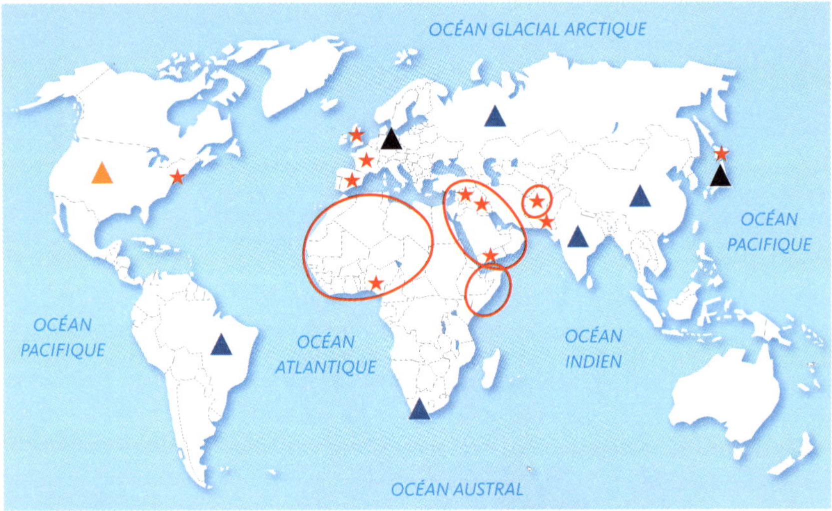

Les zones de conflits depuis 1990

colle ton sticker

Zones de conflits et d'instabilité

Principaux attentats depuis 1990

Une nouvelle géopolitique mondiale

colle ton sticker

Superpuissance

BRICS

Puissances économiques

Le retour de la République (1944-1947)

13

Lue Relue Apprise

mes notes

Avec la libération du territoire, l'enjeu est de refonder une République et de réaffirmer les principes démocratiques détruits par le gouvernement de Vichy.

1 La libération de la France

A Libérer la France

- **Le 6 juin 1944, les Alliés débarquent en Normandie** afin de libérer le nord du territoire. Un débarquement s'opère également en Provence pour libérer le sud du pays en août et septembre 1944.
- Les **armées de la France Libre** (les **FFL**) participent à la libération du territoire. Une armée française entre dans Paris en août 1944.

B Les acteurs de la libération

- Pendant la guerre, le gouvernement parallèle qui refuse le régime de Vichy s'installe à Alger, sous le commandement du général de Gaulle : le **Gouvernement provisoire de la République française (GPRF)**.
- La **résistance intérieure** participe à la libération du pays. Les nombreux mouvements de résistants sont dispersés dans le pays et d'une grande diversité politique, mais leurs actions sont essentielles pour la libération.

2 Refonder la République

A Les principes de la refondation républicaine

- Le GPRF s'installe à Paris dès août 1944. L'objectif est de **restaurer la République et de faire reconnaître l'autorité du GPRF sur tout le territoire** français. Il cherche à présenter la France Libre comme le seul représentant de la France pendant la guerre.
- Le GPRF présente Vichy comme une parenthèse et la République n'aurait jamais cessé d'exister. Dès août 1944, **toutes les lois promulguées sous le gouvernement de Vichy sont donc automatiquement annulées**.

B Solder le régime de Vichy

- Dès 1944, le GPRF lance une série de **grands procès pour juger les dirigeants du gouvernement de Vichy**. Pétain est condamné à mort mais sa peine est transformée en emprisonnement à vie par de Gaulle. Son Premier ministre Pierre Laval est condamné à mort.
- Dans la fonction publique, de nombreux fonctionnaires sont licenciés, parfois emprisonnés.

mes notes

- De **nombreux règlements de compte éclatent à la libération**, conséquences de rancœurs, dénonciations et exactions perpétrées entre Français pendant la guerre. Des formes de justice expéditives parfois violentes sont organisées. Certaines femmes sont tondues en public pour avoir eu une relation avec un soldat allemand.

3 Les premiers pas de la IVe République

A Une nouvelle Constitution

- La souveraineté populaire est une base de la refondation républicaine. Le GPRF veut faire participer les citoyens à la réalisation d'une **nouvelle Constitution**.
- En octobre 1945, une **assemblée constituante** est élue au suffrage universel direct pour rédiger un texte de Constitution. Des divergences apparaissent au sein du GPRF et dans les milieux résistants. **De Gaulle quitte le pouvoir en janvier 1946**.

lexique

Constitution : texte qui définit la répartition des pouvoirs entre les différentes institutions.
Assemblée constituante : assemblée élue qui est chargée de rédiger une Constitution.

- Après un premier rejet par le peuple, la **Constitution est adoptée en octobre 1946 à la suite d'un référendum**. La IVe République est créée.

B Un nouveau rôle pour les femmes

- Pendant la Seconde Guerre mondiale, les femmes ont joué un rôle très important dans la résistance. À la libération, elles obtiennent enfin des droits politiques et sont considérées comme citoyennes à part entière. Le GPRF élargit le **droit de vote aux femmes en 1944**.
- Les femmes participent pour la première fois à une élection lors des élections législatives et municipales de 1945.

C Les réformes inspirées du CNR

- Le GPRF puis la IVe République réalisent des **réformes économiques et sociales qui s'inspirent du programme de la Résistance**. Il s'agit alors de restaurer tous les acquis économiques et sociaux du Front populaire (semaine de 40 heures de travail, liberté syndicale).
- La République se fixe comme principe d'assurer une protection de tous les Français en cas de maladie, de chômage, de vieillesse.
- Le système de la **Sécurité sociale** est mis en place. Un **système de retraite généralisé** est créé. De nombreuses entreprises sont nationalisées (banques, électricité, charbon, transports).
- La nouvelle République doit aussi faire face à l'enjeu de la reconstruction du pays, lourdement détruit par la guerre.

La République gaullienne

14

Lue Relue Apprise

mes notes

De retour au pouvoir en 1958, de Gaulle met en place une nouvelle République qui renforce considérablement le pouvoir présidentiel.

1 La chute de la IVe République

A Un régime affaibli

- Malgré ses succès dans la reconstruction du pays, la IVe République souffre rapidement de son **instabilité gouvernementale** et de sa gestion maladroite de la décolonisation.
- Pour des raisons différentes, communistes et gaullistes critiquent sévèrement le régime en place.

lexique

Instabilité gouvernementale : changements très fréquents de gouvernements.

B La crise du 13 mai 1958

- Le 13 mai 1958, les partisans de l'Algérie française prennent le pouvoir en Algérie. Opposés à toute négociation avec le FLN, ils menacent de prendre par la force le pouvoir à Paris. **Ils en appellent au général de Gaulle**, retiré de la vie politique depuis 1946.
- Le 15 mai 1958, de Gaulle fait savoir qu'il est prêt à revenir au pouvoir, mais à condition qu'il dispose des pleins pouvoirs et qu'il rédige **une nouvelle Constitution**.

2 La mise en place de la Ve République

A Le retour de De Gaulle

- Le 1er juin 1958, de Gaulle est investi à la **présidence du Conseil** par l'Assemblée nationale. Le lendemain, il obtient les pleins pouvoirs et commence à élaborer la nouvelle Constitution. Conformément à ses idées, celle-ci **accroît le pouvoir du président**.
- Approuvée par **référendum**, elle prévoit que le Gouvernement soit désormais nommé par le président. Celui-ci, élu pour sept ans au **suffrage universel indirect**, peut dissoudre l'Assemblée et consulter directement le peuple par référendum. En cas de crise grave, l'article 16 l'autorise à prendre les pleins pouvoirs.

lexique

Président du Conseil : nom donné au Premier ministre sous la IVe République.

lexique

Référendum : question posée aux électeurs qui y répondent par *oui* ou par *non*.
Suffrage universel indirect : élection à laquelle ne peuvent voter que les élus.

mes notes

B La réforme de 1962

- De Gaulle est élu président de la République en 1958. À la tête de l'État, il se pose en rassembleur par-dessus les divisions entre partis politiques.
- Pour accroître son autorité, il décide en 1962 de soumettre à référendum une réforme permettant au président d'être élu au **suffrage universel direct**. Malgré l'opposition de la quasi totalité des partis, la mesure est approuvée par une large majorité des Français.

3 De Gaulle président

A L'achèvement de la guerre d'Algérie

- Grâce à son autorité et au prestige qu'il tire de son passé de résistant, de Gaulle parvient à imposer une solution à la **guerre d'Algérie** qui a éclaté en 1954 et dont les conséquences menacent la stabilité des institutions républicaines.
- En 1962, il fait approuver par référendum aux Français et aux Algériens l'**indépendance de l'Algérie**, qui est officiellement proclamée le 3 juillet 1962.

B Le souci de l'indépendance nationale

- Réélu président en 1965, de Gaulle tente de redonner à la France son statut de grande puissance.
- En 1966, il met le pays en retrait de l'OTAN afin de garantir son indépendance à l'égard des États-Unis.

C L'usure du pouvoir

- Les pouvoirs très importants que la Constitution donne au général de Gaulle suscitent les critiques de ses opposants.
- **En mai 1968**, une partie de la jeunesse se soulève durant des semaines. Les étudiants sont ensuite rejoints par les ouvriers qui se mettent en grève. L'accord de Grenelle, qui prévoit des augmentations de salaires, permet de mettre fin à cette crise.
- L'échec du référendum sur la régionalisation, lancé par de Gaulle en 1969, **le décide à démissionner trois ans avant la fin de son mandat**.

dates-clés

- **13 mai 1958** : coup d'État à Alger
- **1er juin 1958** : De Gaulle président du Conseil
- **28 septembre 1958** : adoption par référendum de la Ve République
- **28 octobre 1962** : adoption par référendum de la réforme sur l'élection du président au suffrage universel direct
- **1965** : De Gaulle réélu président
- **mai 1968** : révolte étudiante et grèves ouvrières
- **28 avril 1969** : démission de De Gaulle

La Vᵉ République à l'épreuve des alternances et des cohabitations

15

Lue Relue Apprise

mes notes

Les institutions de la Vᵉ République, qui avaient été conçues par et pour le général de Gaulle, lui ont survécu.

1 Entre rupture et continuité (1969-1981)

A Les années Pompidou (1969-1974)

- Proche du général de Gaulle dont il était le Premier ministre, **Georges Pompidou** est élu président en 1969.
- Un salaire minimum, le **SMIC**, est mis en place.

lexique

SMIC : Salaire minimum interprofessionnel de croissance.

B Les années Giscard (1974-1981)

- Malade, Pompidou décède en cours de mandat en 1974. C'est Valéry Giscard d'Estaing qui lui succède, devançant de peu le candidat de gauche François Mitterrand.
- Bien que de droite, **Giscard d'Estaing est le premier président non gaulliste** de la Vᵉ République. Il se démarque de ses prédécesseurs par son style plus décontracté et moderne.
- Il mène d'importantes réformes de société comme l'abaissement de la majorité (et donc du droit de vote) à 18 ans, la création du **collège unique** (loi Haby) et la légalisation de l'interruption volontaire de grossesse (loi Veil).

lexique

Collège unique : obligation pour tous les collégiens de suivre les mêmes études.

2 Entre alternances et cohabitations (1981-2012)

A Les années Mitterrand (1981-1995)

- L'année 1981 est marquée, après 23 ans à droite, par la **victoire du candidat de gauche, F. Mitterrand**, aux élections présidentielles : c'est la première **alternance** de la Vᵉ République.
- Le Gouvernement prend des mesures dès les premiers mois : **abolition de la peine de mort**, semaine de travail de 39 heures, décentralisation, retraite à 60 ans, cinquième semaine de congés payés, **nationalisations** d'entreprises, augmentation du SMIC et des allocations familiales. Mais la crise économique contraint les socialistes à mettre un terme à cette politique généreuse mais coûteuse.

lexique

Alternance : passage de la présidence de la République d'un camp politique à un autre.
Nationalisation : rachat par l'État d'une entreprise privée.

La Vᵉ République à l'épreuve des alternances et des cohabitations

mes notes

● En 1986, la droite remporte les **législatives**, contraignant Mitterrand à gouverner en **cohabitation** avec un Premier ministre gaulliste : Jacques Chirac. Réélu président en 1988, Mitterrand doit de nouveau cohabiter à partir de 1993 avec un Premier ministre de droite : Édouard Balladur.

Lexique

Législatives : élection des députés.
Cohabitation : situation dans laquelle le président et son Gouvernement ne sont pas du même camp politique.

B Les années Chirac (1995-2007)

● En 1995, **Jacques Chirac est élu président** : c'est la deuxième alternance. Il doit renoncer dès 1995 à sa réforme des retraites qui provoque un important mouvement de grève.

● Pour réaffirmer son autorité, **Chirac dissout l'Assemblée nationale** en 1997. Mais c'est la gauche qui remporte les élections, contraignant Chirac à cohabiter jusqu'en 2002 avec un Gouvernement dirigé par le socialiste Lionel Jospin qui instaure la semaine de travail de 35 heures.

● En 2002, Jacques Chirac est réélu pour cinq ans (et non plus sept, suite à une réforme adoptée en 2000). Il devance le candidat d'extrême droite Jean-Marie Le Pen qui accède pour la première fois au second tour des présidentielles.

C Les années Sarkozy (2007-2012)

● En 2007, le candidat de droite **Nicolas Sarkozy est élu président** face à la socialiste Ségolène Royal, première femme à accéder au second tour d'une élection présidentielle. Il gouverne la France durant tout son mandat avec un seul Premier ministre : François Fillon.

● Il est battu par le socialiste **François Hollande** à la présidentielle de 2012.

Doc. **La Vᵉ République depuis 1969**

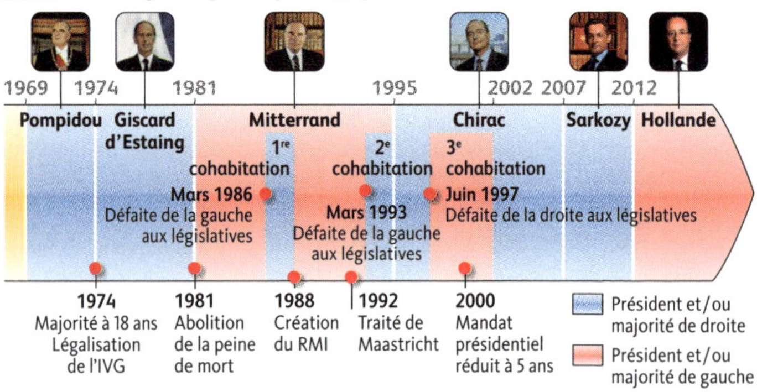

Hommes et femmes dans la société (années 1950-1980)

16

mes notes

Lue Relue Apprise

Depuis 1958, la société française a connu de nombreux bouleversements qui ont provoqué des débats et des adaptations législatives.

1 L'intégration des immigrés

A Une tradition ancienne

- D'abord européenne (Italiens, Belges, Espagnols, Polonais), l'**immigration** à destination de la France devient **maghrébine et africaine** après la Seconde Guerre mondiale. Elle permet de répondre au **besoin de main-d'œuvre** des chantiers de la reconstruction du pays.
- L'**intégration** des immigrés est compliquée par l'**isolement**. La plupart d'entre eux sont des hommes vivant seuls et parlant mal le français. Leurs logements, souvent insalubres, sont concentrés dans les banlieues des grandes villes.

ne pas confondre

Un **étranger** est une personne qui n'a pas la nationalité du pays dans lequel elle vit, même si elle y est née.
Un **immigré** est une personne née sous une autre nationalité que celle du pays dans lequel elle réside, qu'elle peut entre temps avoir acquise.

B Le tournant de 1974

- Face à la crise économique qui aggrave le chômage, le **Gouvernement français stoppe l'immigration de travail en 1974**. Désormais, à l'exception des réfugiés politiques, les seuls immigrés autorisés à s'installer en France le sont dans le cadre du **regroupement familial**.
- Cependant, des étrangers continuent de venir clandestinement, notamment depuis l'Afrique subsaharienne et l'Asie.

lexique

Intégration : processus par lequel un immigré s'insère dans sa société d'accueil jusqu'à s'y sentir chez lui.
Regroupement familial : possibilité pour un immigré de faire venir sa famille dans son pays de résidence.

C La place des immigrés dans la société suscite le débat

- La situation des immigrés clandestins divise la société française. Certains militent pour que ces « sans-papiers » soit régularisés, d'autres demandent au contraire un **renforcement du contrôle des frontières**.
- Les **immigrés légaux** et leurs enfants, français en vertu du **droit du sol**, suscitent la polémique. Certains les accusent de mal s'intégrer, d'abuser des prestations sociales ou de nourrir la délinquance. Le Front National, porteur de ce discours **xénophobe**, arrive en 2002 au second tour de l'élection présidentielle.

lexique

Droit du sol : droit pour une personne née sur le sol français d'obtenir la nationalité française.
Xénophobie : peur de l'étranger, qui se manifeste souvent par une hostilité à son égard.

mes notes

2 L'émancipation des femmes

A Au travail

- Ce n'est qu'en 1965 que les femmes sont autorisées à prendre un emploi sans l'accord de leur mari. Désormais, 70 % d'entre elles sont salariées et presque toutes les professions leurs sont ouvertes.
- Elles continuent cependant à être majoritairement cantonnées dans certains emplois (caissière, infirmière, institutrice, etc.) et à assurer l'essentiel du **travail précaire ou à temps partiel**. Au sein des entreprises, les femmes se heurtent souvent au « **plafond de verre** » qui les empêche d'accéder aux fonctions les plus importantes. Enfin, à travail égal, les femmes demeurent **moins payées que les hommes**.

Lexique

« Plafond de verre » : ensemble des obstacles invisibles qui freinent la carrière des femmes.

B Dans les mœurs

- La **Constitution de 1946** reconnaît l'égalité des sexes, mais c'est seulement en 1965 que les femmes peuvent ouvrir un compte en banque sans l'autorisation de leur mari. En 1971, l'autorité parentale conjointe remplace l'autorité paternelle qui prévalait jusqu'alors.
- Les femmes deviennent également plus **autonomes et libres** grâce à la création du **planning familial** (1960) et à la légalisation de l'IVG (interruption volontaire de grossesse) en 1975.

Lexique

Planning familial : association qui informe les femmes sur la contraception.

C En politique

- Grâce à leur rôle actif dans la Résistance, les femmes ont obtenu en 1944 **le droit de voter et d'être élues**. Cependant, la majorité des élus demeurent des hommes, et si Édith Cresson a accédé en 1991 au poste de Premier ministre, aucune femme n'est encore devenue présidente de la République.
- Pour accélérer la féminisation du pouvoir politique, **une loi est votée en 2000 qui favorise la parité**. Elle oblige les partis à présenter autant d'hommes que de femmes dans certains scrutins.

Lexique

Parité : égal accès des hommes et des femmes aux mandats électoraux.

MA carte mentale

Libération et reconstruction de la France

Où ?

....

....

....

Quand ?

....

....

....

Comment ?

....

....

....

La Libération

Libération et reconstruction de la France

Un nouveau régime

La mise en place

....

....

....

....

....

Les réformes

....

....

....

....

....

MA carte mentale

La Ve République

La mise en place

Le fonctionnement

La République gaullienne

Alternance

La Ve République

Cohabitation

Des adaptations

La modernisation

Les institutions

La société

MA carte mentale

Les transformations de la société française depuis 1945

Une nouvelle place pour les femmes

....

....

....

Les transformations de la société française depuis 1945

L'intégration des immigrés

....

....

....

....

....

....

....

....

....

....

....

....

....

....

....

....

Une nouvelle société

....

....

....

....

....

....

....

....

....

MON récap'

Les personnages-clés

GEORGE POMPIDOU (...... - ......)

colle ton sticker

....

....

VALÉRY GISCARD D'ESTAING (...... - ......)

colle ton sticker

....

....

FRANÇOIS MITTERAND (...... - ......)

colle ton sticker

....

....

JACQUES CHIRAC (...... - ......)

colle ton sticker

....

....

NICOLAS SARKOZY (...... - ......)

colle ton sticker

....

....

FRANÇOIS HOLLANDE (...... - ......)

colle ton sticker

....

MON récap'

Les présidents de la Ve république

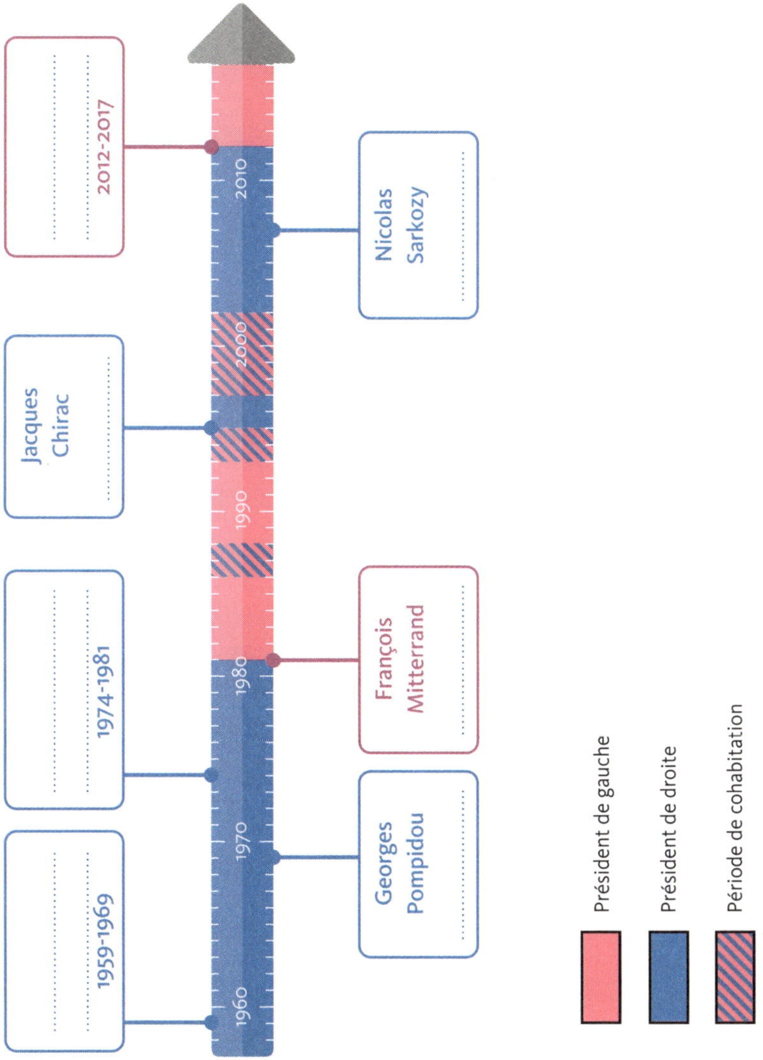

MON récap'

Les évolutions économiques et sociales en France depuis la Seconde Guerre mondiale

MON lexique

LE MOT	LA DÉFINITION
Alternance	
Antisémitisme	
Armistice	
Baby-boom	
BRICS	
Camps d'extermination	
Cohabitation	

MON lexique

LE MOT	LA DÉFINITION
Collaboration	………………………………
CEE	………………………………
CECA	………………………………
Communisme	………………………………
Conseil National de la Résistance	………………………………
Constitution	………………………………

MON lexique

LE MOT	LA DÉFINITION
Décolonisation	
Déportations	
Détente	
Épuration	
Génocide	
Gouvernement provisoire de la République Française	

MON lexique

LE MOT	LA DÉFINITION
Glasnost	
Guerre de mouvements	
Guerre de positions	
Guerre totale	
Guerre froide	
Immigration	

MON lexique

LE MOT	LA DÉFINITION
Monde multipolaire	....
Non-alignement	....
Pérestroïka	....
Poilus	....
Propagande	....
Shoah	....

MON lexique

LE MOT	LA DÉFINITION
Solution finale	
Terreur	
Terrorisme	
Tiers-Monde	
Totalitarisme	
Trente Glorieuses	

Un territoire sous influence urbaine

17

Lue Relue Apprise

mes notes

De plus en plus de Français habitent en ville. Cette évolution transforme les modes de vie et fait apparaître de nouveaux équilibres.

1 Une France de plus en plus urbanisée

A Une population française très majoritairement urbaine

- Au début du XXe siècle, les populations des campagnes se sont déplacées vers les villes pour le travail, parfois attirées par des conditions de vie plus modernes. Aujourd'hui, **82 % des Français vivent en ville**.
- Paris a le plus profité de l'arrivée des populations rurales. Les villes du Sud (Marseille, Montpellier) et de l'Ouest (Toulouse, Nantes) sont aujourd'hui très attractives.

B Les villes s'étendent sur la campagne

L'arrivée de nouvelles populations entraîne un accroissement de la taille des villes : c'est la **périurbanisation**. Ce phénomène transforme les espaces ruraux. Les villes occupent aujourd'hui **41 % du territoire français**.

> **lexique**
> **Périurbanisation** : extension de l'espace urbain sur les campagnes.

- Face aux coûts élevés des logements, les habitants des centres-villes, à la recherche de plus d'espace, partent s'installer dans la proche campagne.
- L'**étalement urbain** se fait le long des axes de transports reliant les espaces urbains aux zones de travail. Il peut prendre la forme de lotissements pavillonnaires, d'immeubles, de zones d'activités.

> **lexique**
> **Étalement urbain** : augmentation de la taille d'une ville sur les espaces environnants.

2 Des inégalités sociales entre quartiers de plus en plus fortes

A La revalorisation des villes-centres

- L'immobilier est très cher dans ces quartiers, seules des populations aisées peuvent y résider.
- Pour la majorité des populations des **aires urbaines**, les quartiers centraux des villes sont des lieux de travail, de loisirs ou de services, mais pas de résidence.

> **lexique**
> **Aire urbaine** : espace constitué d'une ville-centre entourée de banlieues (pôle urbain) et d'une couronne périurbaine.

mes notes

Doc. **Une aire urbaine**

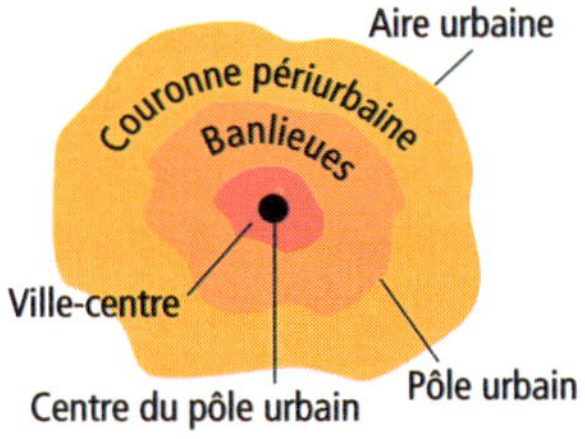

B Les banlieues, des espaces très hétérogènes

- En banlieue, des quartiers pavillonnaires contrastent avec d'autres quartiers en difficulté (taux de chômage élevé, disparition des services).
- Des aménagements tentent de revaloriser les quartiers en difficulté : des petits bâtiments remplacent des grandes barres d'immeubles et des zones industrielles abandonnées sont transformées en habitat ou espaces verts.

3 L'accroissement des mobilités en ville

A De plus en plus de déplacements quotidiens

- Avec l'étalement urbain, les populations s'installent de plus en plus loin du centre-ville qui concentre pourtant la plupart des emplois.
- Pour beaucoup d'habitants, les **mouvements pendulaires** sont de plus en plus longs. La hausse du trafic crée de nombreux embouteillages sur les routes menant au centre-ville et entraîne une forte pollution.

lexique

Mouvement pendulaire : déplacement quotidien des populations entre le logement et le lieu de travail.

B Les défis de la ville face au développement durable

- L'objectif actuel de **développement durable** pousse les élus des villes à **développer des modes de transports moins polluants** et engendrant moins de trafic. Les transports en commun et le vélo sont valorisés dans les centres-villes.
- La création d'**écoquartiers** répond à ce même objectif : on y construit des espaces verts et des bâtiments consommant très peu d'énergie. L'accès à tous est mis en avant (aménagements pour les personnes handicapées).

lexique

Développement durable : développement économique associant un souci de justice sociale et de protection des ressources naturelles.

Écoquartiers : quartier aménagé dans un souci de développement durable.

Les espaces industriels

18

Lue Relue Apprise

mes notes

La mondialisation et l'apparition de nouvelles industries ont modifié la localisation des activités sur le territoire français.

1 La localisation des industries

A Les logiques de localisation des industries

- Les premières **industries** étaient installées en fonction de la localisation des matières premières utilisées : usines de **métallurgie** dans les régions d'extraction du charbon ou du métal (nord de la France, Lorraine).
- Avec l'amélioration des moyens de transport, les entreprises se sont installées près des voies de communication (routes, voies ferrées), des aéroports, des gares.
- Avec la mondialisation, **les industries se sont déplacées vers les littoraux**, dans les ports (Nantes, Le Havre, Marseille). C'est là qu'arrivent les matières premières importées et que l'on exporte les productions vers les pays étrangers.
- Les **zones industrialo-portuaires** profitent de l'augmentation des échanges commerciaux et accueillent de plus en plus de **conteneurs**.

lexique

Industrie : activité fabriquant des biens matériels.
Métallurgie : industrie travaillant le métal.

lexique

Zone industrialo-portuaire : espace associant les activités d'un port à des industries.
Conteneur : grande boîte en métal servant à transporter des marchandises.

B Une carte des industries françaises transformée

- La France est la **7e puissance industrielle mondiale**. L'industrie reste un secteur important pour le pays mais elle offre de moins en moins d'emplois : seulement 19 % des emplois en France en 2015.
- Les fermetures d'usines se multiplient depuis vingt ans pour cause de **délocalisations**. Le chômage augmente, laissant place à des **friches industrielles**.
- En concurrence avec les pays étrangers, les entreprises françaises, spécialisées dans l'industrie lourde et le textile, doivent se **reconvertir**, dans le luxe par exemple.

lexique

Délocalisation : déplacement d'une usine dans un autre territoire (région ou pays).
Friche industrielle : bâtiment industriel (usine, mines…) abandonné.
Reconversion : modification des activités d'une entreprise.

mes notes

2 Une nouvelle géographie des industries

A Le Sud et l'Ouest dynamiques

- On y trouve des **activités de hautes technologies** (informatique).
- Grâce à leur cadre de vie et leur climat agréables, ces espaces attirent une **main-d'œuvre** hautement **qualifiée**.

B Les métropoles et la domination de Paris

- Des technopôles et des **pôles de compétitivité** ont tendance à se développer à proximité des grandes villes : c'est la **métropolisation des activités industrielles**.
- **Paris** reste le centre de l'économie nationale (30 % du PIB de la France).

Lexique

Pôles de compétitivité : zone regroupant des entreprises, des établissements d'enseignement supérieur et des laboratoires travaillant sur des projets d'innovation.

C Des espaces en difficulté

- **Le nord et l'est** de la France connaissent une **forte désindustrialisation**.
- Des régions rurales trop éloignées des métropoles ou mal reliées aux axes de transports n'attirent pas les industries et perdent celles présentes.

Doc. **Les dynamiques industrielles**

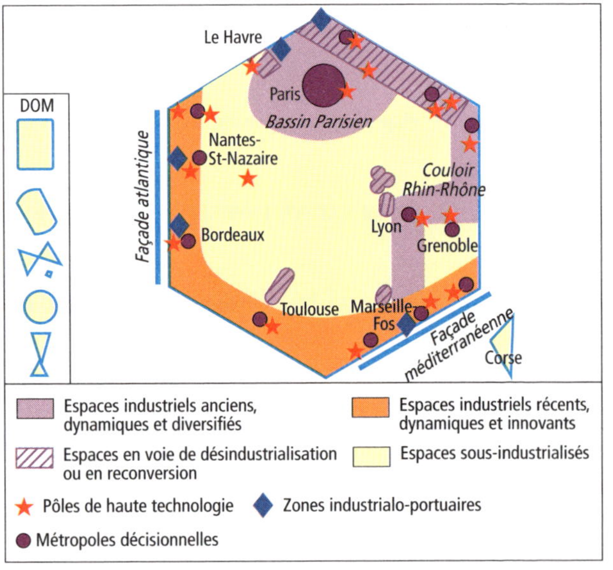

Les espaces agricoles

19

☐ Lue ☐ Relue ☐ Apprise

mes notes

Première agriculture d'Europe, la France possède des espaces agricoles très diversifiés.

1 Une agriculture puissante

A De nombreux atouts

- L'agriculture française s'est modernisée durant le XXe siècle (utilisation de machines motorisées, d'engrais et de l'irrigation), grâce à l'État et aux aides de l'Union européenne dans le cadre de la PAC.

> **lexique**
> **PAC** : Politique agricole commune mise en place par l'Union européenne pour aider et encadrer l'agriculture des pays européens.

- L'agriculture française est très variée. Les céréales sont la première production avant les légumes, les fruits, les différentes formes d'élevages (laitier, pour la viande), et la pêche.
- La France est la **4e puissance agricole mondiale** par ses exportations.

B Une agriculture intégrée dans la mondialisation

- L'agriculture française s'appuie sur une **puissante industrie agro-alimentaire** (IAA) qui intervient à différentes étapes de la production agricole.

Doc. L'IAA et l'agriculture

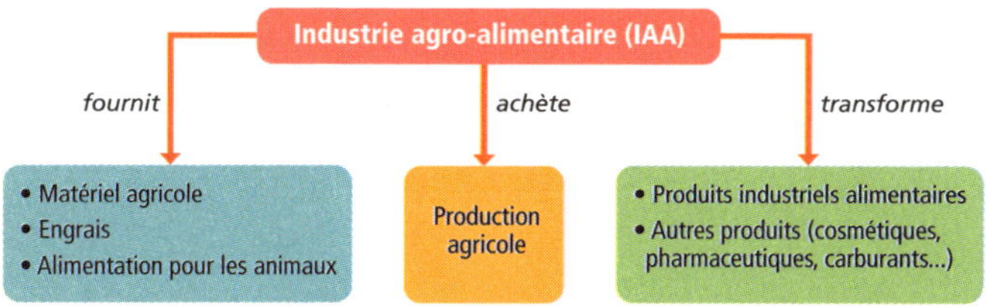

- L'agriculture française est reconnue pour sa production de qualité comme en témoignent les **AOC** (appellation d'origine contrôlée). Les AOC sont souvent reconnues à l'étranger : vin de Bordeaux, poulet de Bresse...

2 Les différents types d'agriculture

A L'agriculture intensive spécialisée

- Certains territoires reposent sur une seule production. Il s'agit souvent de cultures intensives (céréales, élevage).

> **lexique**
> **Culture intensive** : culture obtenant des hauts rendements.

mes notes

- Ces régions sont intégrées dans le commerce européen ou mondial grâce aux IAA. C'est le cas du Bassin parisien, de la Champagne ou de la Bretagne.

B Des espaces de polyculture dynamiques

- Quelques espaces de polyculture ont intégré les marchés européens et mondiaux. Il s'agit de territoires proches des axes de communication autour de la mer Méditerranée, bénéficiant des ports pour exporter les productions de la vallée du Rhône.
- On y réalise plusieurs productions : fruits, légumes, fleurs, vin.

C L'agriculture extensive

- Certains espaces utilisent des méthodes moins industrielles qu'en agriculture intensive.
- On valorise une production de qualité protégée par des **labels**. Il ne s'agit pas systématiquement de régions en difficulté : élevage laitier en Normandie ou dans les zones de montagnes (Massif central, Alpes...).

lexique

Culture extensive : activité agricole obtenant des faibles rendements sur de grands espaces.

3 Les mutations de l'agriculture

A Une agriculture d'abord productiviste

- La PAC a d'abord eu pour objectif d'encourager les agriculteurs à produire plus en leur assurant des prix élevés pour leurs productions.
- Les petites propriétés se sont concentrées en **grandes exploitations modernes**. Il y a de nos jours trois fois moins d'exploitations qu'en 1970.
- L'agriculture productiviste est aujourd'hui remise en cause : on l'associe à des pollutions, des scandales sanitaires (vache folle dans les années 1990).

B Vers une agriculture durable

- Face à des productions trop importantes, **l'UE a imposé des quotas**, c'est-à-dire des limites de production à ne pas dépasser.
- Par souci de sécurité sanitaire, des contrôles sont réalisés sur les productions. Des labels français et européens sont nécessaires pour commercialiser les marchandises.
- **Une volonté de développement durable est apparue** afin de favoriser une agriculture respectueuse de l'environnement. Le gaspillage des ressources est contrôlé.
- L'agriculture biologique est en pleine expansion mais ne représente encore que 3,8 % de la surface agricole en France.

lexique

Agriculture biologique : agriculture n'utilisant pas de méthodes ou de matériel industriels pour produire.

Les espaces de services et de tourisme

Lue Relue Apprise

20

mes notes

Les services prennent une place de plus en plus importante dans l'économie et dans l'organisation du territoire français.

1 Un pays dominé par les services

A Une économie dominée par les services

- La France est l'un des pays du monde dans lequel le **secteur tertiaire** est le plus important : 75 % de la population active travaille dans les services. Les services représentent à eux seuls 80 % du PIB national.

lexique

Secteur tertiaire : ensemble des activités liées aux services.

- La France exporte ses savoir-faire dans le domaine des services : des entreprises multinationales des transports (Air France), des télécommunications (Orange) ou des loisirs (Club Méditerranée) sont présentes sur tous les continents. Elle est le 4e exportateur de services dans le monde.
- **Les activités de services sont diverses** : services marchands (commerces, restaurants...), services non marchands (administrations publiques, administrations d'entreprises, postes, écoles, hôpitaux, loisirs...), transports.

B Les métropoles concentrent les services

- Les services sont essentiellement situés dans les **métropoles** : les centres d'affaires concentrent de nombreuses administrations d'entreprises. De façon moins visible, les grandes villes concentrent les commerces, les restaurants, les transports en commun.
- Les **métropoles** sont les **espaces les mieux connectés aux réseaux de communication nationaux, européens et mondiaux**. De nombreux emplois du tertiaire se concentrent dans les aéroports et les gares.
- Au contraire, les espaces ruraux et les plus petites villes perdent des services, comme le montrent les fermetures de bureaux de postes dans certaines campagnes. Les services renforcent donc la **métropolisation** des activités.

lexique

Métropolisation : concentration de toutes les activités dans les grandes métropoles.

C L'importance du tourisme dans les services

- **Le tourisme domine le secteur des services** dans l'économie française. Il produit à lui seul 43 milliards d'euros en 2014, soit 7,4 % du PIB (2014).
- Les activités touristiques créent de nombreux emplois. En 2014, 990 000 emplois étaient directement liés au tourisme (restaurants, hôtels, loisirs...).

mes notes

2 La France, un pays touristique

A Un pays attrayant

- Avec 83,8 millions de visiteurs venus en France en 2014, **la France domine le tourisme mondial**, devant les États-Unis.
- Les touristes étrangers sont originaires des pays riches de la planète mais sont avant tout des Européens.

B De nombreux atouts

- Le territoire est très bien connecté aux réseaux de transports européens et mondiaux. **La France métropolitaine est un lieu de passage** pour les populations du nord de l'Europe allant vers le Sud (Espagne, Italie) et les îles des Antilles attirent des touristes américains du fait de leur proximité avec les États-Unis.
- Une **multitude de paysages** permettent du tourisme en toutes saisons. Les massifs montagneux sont des espaces attractifs pour le tourisme sportif (sports d'hiver, randonnées). Les DROM offrent des paysages exotiques alliant plages et mers chaudes.
- La richesse du **patrimoine culturel** est un atout pour le tourisme. De nombreux sites et monuments sont inscrits au patrimoine mondial de l'UNESCO et célèbres dans le monde entier.

C Des aménagements nombreux pour le tourisme

- Le tourisme s'est développé dans toutes les régions de France grâce à des aménagements souvent lancés par l'État : stations de sports d'hiver dans les Alpes, stations balnéaires sur les littoraux méditerranéens. Ces stations prennent la forme de grands immeubles regroupant les logements et les commerces. Il s'agit d'un **tourisme de masse**.

> **Lexique**
> **Tourisme de masse** : tourisme créé pour accueillir des populations très nombreuses de touristes.

- Profitant des atouts des villes, de **vastes zones de loisirs** sont construites en espace périurbain près des grandes métropoles (Disneyland, parc Astérix autour de Paris).
- Le tourisme de masse est de plus en plus remis en cause (pollutions, paysages dénaturés par les constructions). Un **tourisme vert** se développe, soucieux de limiter ses effets sur l'environnement. Sa capacité d'accueil est limitée. Le tourisme vert permet à des espaces ruraux éloignés des grandes zones touristiques de se développer : la tranquillité et les paysages préservés sont mis en avant.

> **Lexique**
> **Tourisme vert** : tourisme centré sur la découverte de la nature et des ressources locales d'un territoire.

Les espaces de faible densité

21

Lue Relue Apprise

mes notes

La population française est inégalement répartie sur le territoire et certaines zones connaissent de faibles densités.

1 Des espaces très divers

A Des espaces omniprésents en France

- La densité moyenne de la France est de 118 hab/km². On parle d'espaces de faible densité lorsque celle-ci est **inférieure à 30 hab/km²**.

lexique

Densité de population : nombre d'habitants qui vivent dans un espace d'un kilomètre carré.

- Même si le poids démographique de ces espaces est très réduit (7 % de la population en métropole), **les espaces de faible densité dominent le territoire français** (ils représentent 42 % de la superficie de la métropole).
- Il s'agit d'**espaces ruraux** et/ou situés en montagne, dans les zones éloignées des littoraux et des frontières et en **outre-mer**.
- En métropole, l'espace marqué par des densités particulièrement basses s'étire des Ardennes (nord-est de la France) aux Pyrénées (sud-ouest) et est appelée la **diagonale du vide**.

B Des situations démographiques diverses

- Longtemps, les espaces de faible densité ont connu un **déclin démographique fort**. Pourtant, une inversion s'opère depuis quelques années et certains de ces espaces attirent **de plus en plus de populations venues des aires urbaines**. On les appelle des **néoruraux**.
- Beaucoup de néoruraux sont des **personnes retraitées** souhaitant s'éloigner des grandes métropoles françaises, à la recherche de calme ou de plus d'espace moins pollué, mais aussi des populations venues des pays voisins.
- Au contraire, les jeunes continuent à quitter ces espaces pour trouver du travail ou faire leurs études dans les centres urbains. La **population a donc tendance à vieillir**.

C Les défis des espaces marginalisés

- Les espaces de faible densité sont marqués par une grande diversité entre les grandes cultures céréalières très dynamiques de Picardie et de Champagne et au contraire les montagnes du Massif central qui voient le nombre d'agriculteurs diminuer.
- Cependant, dans les espaces ruraux très éloignés des villes, l'éloignement des axes de transport peut être un handicap. On parle d'enclavement.

lexique

Enclavement : isolement d'un territoire par rapport au reste du territoire national.

mes notes

- Ces espaces souffrent du manque de connexion avec le reste du pays. Les couvertures Internet et téléphonie sont souvent en retard. **Les services nécessaires pour la vie quotidienne ferment peu à peu** (poste, école, médecins...).

2 Valoriser ces espaces grâce à leurs atouts

A Les atouts des espaces de faible densité

- De par leur faible densité de peuplement, ces espaces peuvent donc proposer **plus de place pour s'installer**. Les **prix de l'immobilier** sont très inférieurs à ceux des zones urbaines.
- Ces espaces jouissent d'une **image agréable** associée au calme, à l'absence de pollution.

B Des activités tournées vers la campagne

- Les **activités touristiques sont valorisées** dans les zones peu peuplées : le ski a permis aux espaces de haute montagne de se développer grâce au tourisme de masse.
- Le **tourisme vert** propose des loisirs de plein air qui mettent en avant la proximité avec la nature : VTT, randonnées, visites du patrimoine historique, etc.
- **L'agriculture est l'activité dominante** dans de nombreux espaces de faible densité. Elle prend des formes très différentes, entre élevage intensif, élevage extensif en montagne, viticulture, grandes cultures spécialisées de céréales ou betterave.

Doc. Les espaces de faible densité

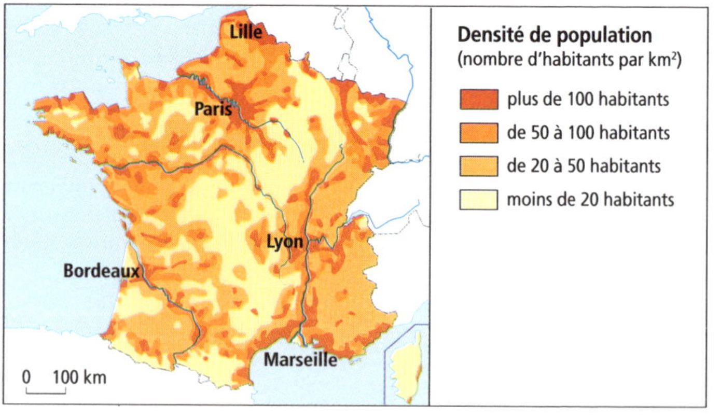

MON récap'

Les aires urbaines

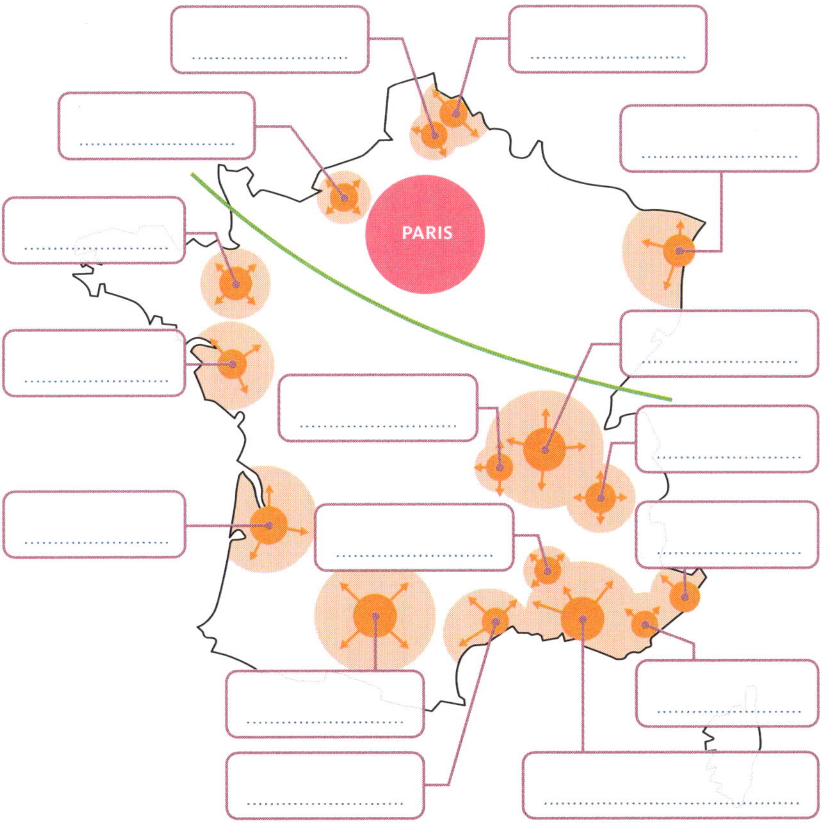

Aire urbaine de Paris, influence mondiale

Grandes aires urbaines

Aire d'influence des aires urbaines

Aires urbaines en plus forte croissance au sud de cette ligne

Extension des aires urbaines et augmentation des déplacements quotidiens

MA carte mentale

La croissance urbaine

La croissance urbaine

Les causes

Cause 1

....

....

....

Cause 2

....

....

....

Les phénomènes

La métropolisation =

....

....

....

L'étalement urbain =

....

....

....

Les conséquences

Conséquence 1

....

....

....

Conséquence 2

....

....

....

Conséquence 3

....

....

....

MON récap'

Les espaces productifs français

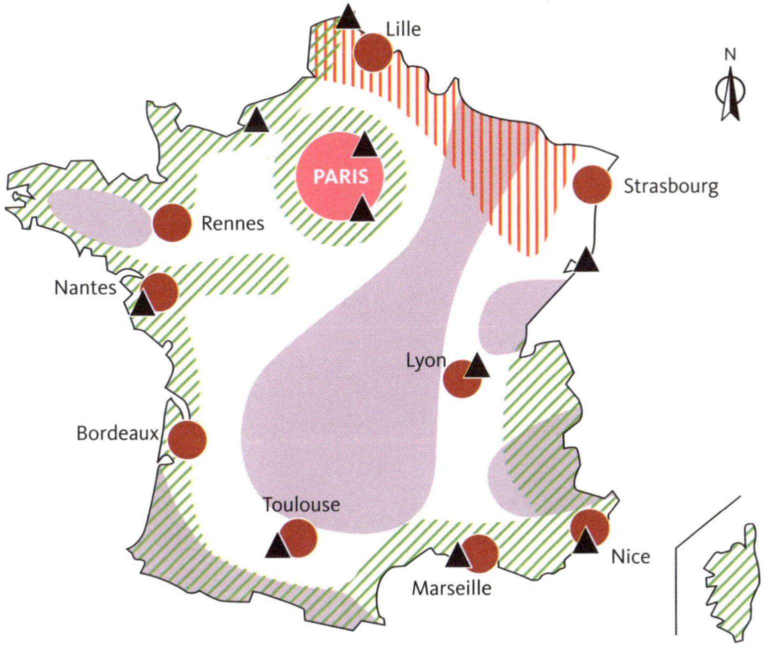

Les espaces productifs intégrés à la mondialisation

colle ton sticker

Le « centre » de la France qui concerne les activités de commandement et les espaces productifs tertiaires

Les autres métropoles qui concernent les espaces productifs tertiaires et secondaires

colle ton sticker

Les régions attractives économiquement

Ports et aéroports

Les espaces inégalement intégrés à la mondialisation

colle ton sticker

Les anciennes régions industrielles

Les espaces en marge de la mondialisation

MA carte mentale

Les espaces productifs français

Les espaces productifs français

Les espaces industriels

Des espaces en mutation

Des espaces qui s'adaptent

Les espaces de services

Des espaces d'affaires

Des espaces du tourisme

Les espaces agricoles

Des espaces à forte productivité

Des espaces à faible productivité

MON récap'

Les espaces de faibles densités et leurs dynamiques

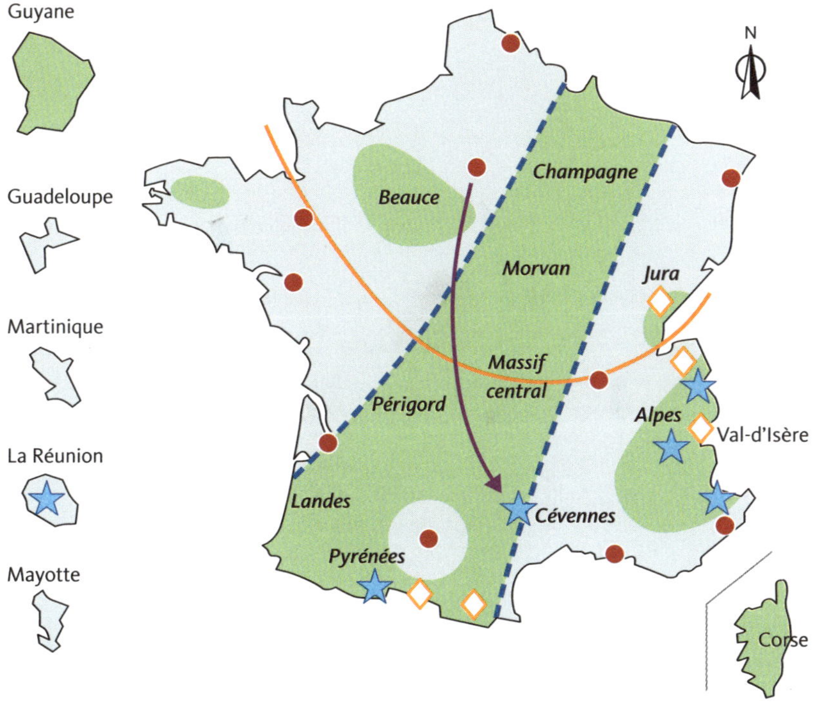

colle ton sticker

Espaces de faible densité

Diagonale des faibles densités

Principales aires urbaines

colle ton sticker

Principaux parcs nationaux

Stations touristiques intégrées

Attraction des territoires au sud

Migrations des néoruraux

MA carte mentale

Les espaces de faibles densités

Les espaces de faibles densités

→ **Des atouts**

De nouvelles activités

....
....
....
....
....

L'agriculture

....
....
....
....
....

→ **Des conflits**

Des conflits d'usage

....
....
....
....
....

Des conflits d'acteurs

....
....
....
....
....

La population en France

22

Lue Relue Apprise

mes notes

Avec 66,6 millions d'habitants, la France est le deuxième pays le plus peuplé d'Europe. La localisation et l'évolution de la démographie sont originales.

1 Un territoire très inégalement peuplé

A Une France vide face à une France pleine

- La **densité de population** moyenne de la France est de 116 hab/km², elle est inférieure aux pays européens qui l'entourent.
- **La population est très inégalement répartie** : densités très fortes dans les grandes **métropoles**, le long des fleuves et sur les littoraux. Les densités sont très faibles des Pyrénées jusqu'aux Ardennes, on parle de « **Diagonale du vide** ». Il s'agit souvent d'une France rurale.

lexique

Densité de population : nombre d'habitants vivant au km².

Métropole : ville de grande taille possédant une influence politique, économique et culturelle sur un territoire.

- Les régions d'outre-mer sont densément peuplées, sauf la Guyane.

B Le poids écrasant de la région parisienne

- 82 % des Français habitent en ville. Paris et sa région dominent cependant nettement le reste du territoire par leur poids démographique.
- La région parisienne regroupe 18 % de la population française. Elle compte 12 millions d'habitants. Lyon et Marseille atteignent à peine 2 millions.

Doc. Une population inégalement répartie

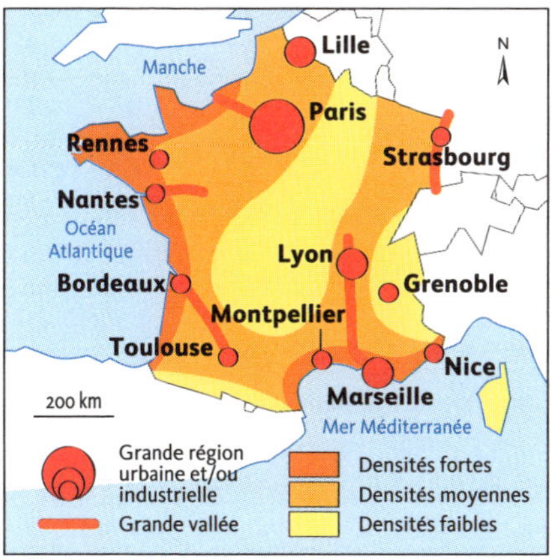

mes notes

2 Une situation démographique originale

A La population augmente

- La France est l'un des seuls pays européens présentant un **solde naturel** positif. Sa population augmente donc sans l'apport de populations extérieures.
- Le **taux de natalité** est le plus élevé d'Europe (12 ‰) avec plus de deux enfants par femme.
- Le **taux de mortalité** reste faible (9 ‰). Il y a plus de naissances que de décès chaque année.

lexique

Solde naturel : différence entre le nombre de naissances et de décès en une année.
Taux de natalité : nombre de naissances par an pour mille habitants.
Taux de mortalité : nombre de décès par an pour mille habitants.

B La population vieillit

- La moyenne d'âge en France s'élève : le nombre de personnes de plus de 60 ans est presque égal à celui des 0-19 ans. **La population vieillit**.
- De façon générale, les populations sont plus âgées dans les campagnes que dans les grandes villes. Les campagnes attirent des retraités tandis que les villes concentrent les populations en âge de travailler.

3 Une population de plus en plus mobile

lexique

Solde migratoire : différence entre le nombre d'arrivées et de départs par an dans un territoire.

A Un pays d'arrivée pour les migrants

- Le **solde migratoire** de la France est positif depuis longtemps. Les immigrés viennent d'Afrique, d'Asie mais aussi d'Europe pour le travail.
- Ces populations s'installent surtout dans les grandes villes car les emplois y sont plus nombreux.

lexique

Héliotropisme : attraction de la population pour des espaces ensoleillés.
Thalassotropisme : attraction de la population pour les littoraux.

B Des territoires plus ou moins attractifs

- Les régions du sud et de l'ouest de la France sont les plus attractives. Elles bénéficient de l'**héliotropisme** et du **thalassotropisme**.
- Au contraire, les espaces industriels en crise sont répulsifs : dans le nord ou l'est de la France, les soldes migratoires sont négatifs.

C De nombreux mouvements au quotidien

- Les frontières sont franchies par des populations travaillant dans le pays voisin (Alsaciens travaillant en Allemagne).
- Les déplacements quotidiens entre centre-ville et banlieues se font nombreux dans les métropoles, entre lieux de travail et de logement.

Un territoire marqué par des inégalités croissantes

23

Lue Relue Apprise

mes notes

Le territoire français est aménagé. Des inégalités à l'intérieur de la France apparaissent dans la mondialisation.

1 Des centres dynamiques

A Les métropoles, lieux dynamiques et d'innovation

- **Les métropoles sont des lieux où se concentrent la majorité des emplois** dans l'industrie et dans les services.
- Les métropoles sont des **lieux de commandement**. On y trouve les sièges des grandes entreprises mais aussi des administrations (capitales de région, préfectures de département).
- **Les métropoles sont des lieux d'innovation**. Les pôles de compétitivité leur offrent un rayonnement international dans des activités de pointe.
- Paris est la plus puissante métropole du pays. Lille, Lyon et Marseille ont un rayonnement européen.

B Les régions frontalières

- Dans le cadre de l'Union européenne, **les espaces frontaliers** (Alsace, Pas-de-Calais) **sont des zones de passage dynamiques**. Des industries s'y installent pour exporter facilement leurs productions en Europe.
- Les échanges profitent de réseaux de transports récents et de bonne qualité (tunnels traversant les Alpes, ponts sur le Rhin).

C Les littoraux

- La mondialisation conduit à un **glissement des activités vers les littoraux**. Le commerce international s'effectue surtout par la mer avec l'utilisation des conteneurs.
- Les ports sont des **interfaces** dynamiques. Les échanges commerciaux entre la France et le reste du monde se concentrent dans les zones industrialo-portuaires.
- Le dynamisme des régions littorales (Méditerranée, ouest de la France) repose aussi sur les **activités de tourisme et de loisirs**.

lexique

Interface : zone de contact entre deux espaces différents (deux pays, la terre et la mer).

2 Des espaces en crise

A Des espaces marginalisés en déclin

- Des espaces industriels anciens (mines, métallurgie...), comme le Nord ou la Lorraine, sont confrontés à des fermetures massives d'entreprises.

mes notes

Lexique

Déprise agricole : abandon des activités agricoles dans une campagne.

- Des campagnes peu dynamiques connaissent une **déprise** forte : le nombre d'agriculteurs diminue, laissant des exploitations en friche.
- De nombreux espaces en crise sont touchés par la **disparition progressive de tous les services.** Les bureaux de poste, hôpitaux, magasins ferment dans les campagnes pour des questions de rentabilité.

B Les causes de la marginalisation

- **Les espaces marginalisés sont enclavés**, c'est-à-dire éloignés des grands axes de communication. Ils participent peu aux échanges.
- Dans le contexte de mondialisation, ces espaces sont confrontés à la **concurrence des régions plus dynamiques** non seulement en France mais aussi en Europe et dans le monde.
- Ces espaces sont **très dépendants des aides publiques** de l'État et de l'Union européenne.

Doc. Un territoire inégalement mis en valeur

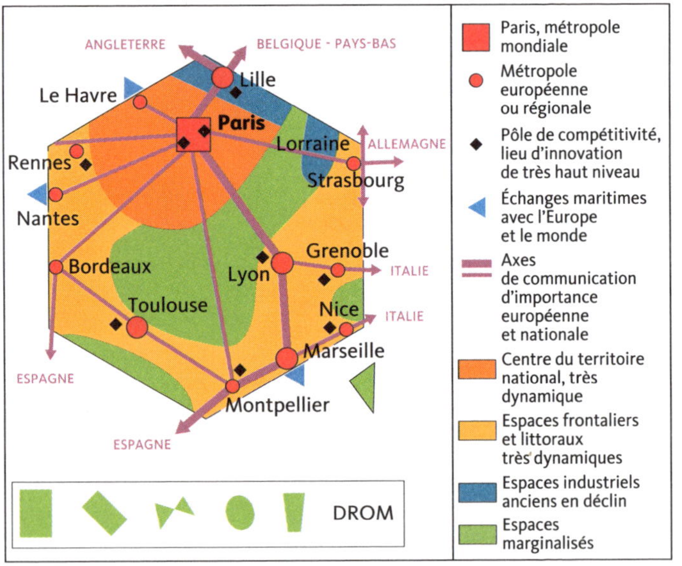

Acteurs et enjeux des aménagements des territoires français

24

Lue Relue Apprise

mes notes

Les aménagements des territoires français sont réalisés à toutes les échelles par des acteurs très nombreux.

1 Aménager pour réduire les inégalités

A Assurer la cohésion du territoire français

- Un des objectifs est d'**implanter des activités économiques** pour créer des emplois et ainsi lutter contre le chômage dans les territoires délaissés. Cela peut passer par la **reconversion** d'anciennes activités en crise.
- Il s'agit aussi de **rénover des quartiers urbains** en modernisant les logements, en ouvrant des services pour la vie quotidienne.
- Le réseau de transport national, très centralisé et inégalement réparti sur le territoire, est un réseau en étoile : les voies ferrées et les autoroutes se rejoignent toutes à Paris. Les aménagements visent donc aussi à **désenclaver des régions** en multipliant les voies de transport locales.
- Les aménagements doivent enfin améliorer la connectivité aux nouveaux réseaux (**Internet** et téléphonie mobile).

lexique

Reconversion : développement de nouvelles activités pour remplacer des activités en crise.

Désenclaver : sortir un territoire de son isolement par des voies de communication.

B Aménager dans une logique de développement durable

- **Protection de l'environnement et gestion raisonnée des ressources** sont les principes suivis par les acteurs des aménagements.
- Les villes tentent de développer des **modes de transport moins polluants** : transports en commun, transports doux (vélo, marche...).

2 Des aménagements à toutes les échelles

A Au niveau local

- Localement, **les citoyens peuvent jouer un rôle très important** pour valider ou s'opposer à un projet d'aménagement (débats publics, pétitions), ou pour régler des **conflits d'usage** lors d'utilisations incompatibles d'un même territoire.
- Les **communes** sont chargées des services locaux (postes, écoles) et luttent pour maintenir le plus possible de ces activités, notamment par la mise en commun des moyens dans des **groupements de communes**.
- Enfin, les **entreprises** interviennent localement pour financer des projets qui peuvent permettre à un territoire de se développer économiquement.

mes notes

B Le rôle des régions

- On compte **18 régions depuis 2016**, dont 13 en métropole. Elles se chargent du développement économique local, des politiques d'éducation (financement des lycées) ou des transports (par le biais des TER) et sont à l'origine de nombreux projets d'aménagements locaux (construction d'hôpitaux, de lycées, de routes et chemins de fer).
- Une région aménage son territoire **en partenariat avec tous les autres acteurs politiques** (communes, département, État, UE) mais aussi des entreprises privées.
- Les régions aménagent leur territoire dans le but de **mettre en valeur** leur centre, **la capitale de région**. Les régions interviennent également pour protéger l'environnement, en créant des parcs naturels régionaux (PNR).

C Le rôle de l'État

- L'État a été à l'initiative de **grands projets d'aménagements** pour développer le tourisme dans les années 1960 et 1970. De nombreuses stations balnéaires en bord de Méditerranée et stations de ski en montagne furent construites.
- L'État programme la construction des **grandes infrastructures de transport** qui organisent le pays (autoroutes, voies ferrées).
- Il est aussi responsable des **questions d'énergies** (électricité, gaz), il construit les réseaux de lignes électriques.

D L'Union européenne

- L'Union européenne apporte différentes **aides financières** pour soutenir des projets d'aménagement
- La majorité des régions françaises reçoit également des aides de l'Union européenne qui ont pour but de rattraper leur retard économique. Le **FEDER** (Fonds européen de développement économique et régional) est apporté pour corriger les inégalités entre les régions d'Europe.
- Des régions frontalières s'associent aux régions des pays voisins dans des **Eurorégions** pour développer en coopération des aménagements communs (parc naturel transfrontalier, infrastructure de transport...).

lexique

Eurorégion : regroupement de régions appartenant à plusieurs pays de l'Union européenne.

Les territoires ultramarins français

25

Lue Relue Apprise

mes notes

La France possède de nombreux territoires d'outre-mer, situés hors du continent européen. Ces territoires sont marqués par des particularités sociales, économiques et naturelles.

1 Des territoires sur toute la planète

A Des territoires nombreux et variés

- Les territoires ultramarins sont répartis sur tous les continents et océans de la planète. La France possède 5 **DROM** et 9 **COM**.
- La plupart de ces territoires sont **des îles ou archipels** (Martinique, Réunion...), qui représentent des fenêtres sur tous les océans de la planète pour la France. Mais certains territoires sont situés sur le continent (Guyane, Terre Adélie).
- Certains territoires sont densément peuplés (Mayotte, Réunion, Guadeloupe et Martinique), au contraire d'autres, très faiblement peuplés (Guyane, Saintt-Pierre-et-Miquelon).

lexique

DROM : Départements et régions d'outre-mer (Guadeloupe, Martinique, Guyane, Réunion et Mayotte).
COM : Communautés d'outre-mer, territoires contrôlés par la France mais possédant une autonomie administrative.

2 Les atouts et contraintes de ces territoires

A Les atouts des territoires ultramarins

- Les particularités de ces territoires ultramarins conduisent à des enjeux d'aménagement originaux. Pour beaucoup de DROM et de COM, leur localisation permet d'avoir une ouverture sur des mers chaudes.
- Les climats tropicaux des îles des Antilles ou des COM du Pacifique offrent des paysages et une **biodiversité** uniques en France ainsi que des productions agricoles qu'on ne trouve pas en Métropole.

lexique

Biodiversité : ensemble des ressources en faune et en végétation d'un territoire.

B Des territoires soumis à de nombreuses contraintes

- Les DROM et les COM souffrent d'isolement causé par l'éloignement par rapport à la métropole. Les prix des produits importés sont plus élevés qu'en métropole.
- Ces territoires sont soumis à des **risques** naturels variés : tempêtes, cyclones, séismes, activité volcanique peuvent toucher le territoire.

lexique

Risque : danger causé par une intempérie ou un accident qui causerait des dommages sur la société.

mes notes

- Certains aménagements peuvent augmenter la **vulnérabilité** des sociétés face aux dangers. Des habitations en bord de mer sont fragiles en cas de tempête par exemple.

lexique

Vulnérabilité : fragilité d'une société face à un risque.

3 Aménager les territoires en tenant compte des particularités

A La métropole au cœur des politiques d'aménagement

- Ces territoires sont **dépendants de la métropole et de l'UE** pour leur développement. Ils reçoivent de nombreuses aides de la part de l'État et de l'Union européenne en tant que **RUP**.
- L'objectif de ces aides est de permettre à ces territoires d'être économiquement plus autonomes et de réduire des inégalités sociales importantes.

lexique

RUP (Région ultra-périphérique) : territoire de l'UE situé hors du continent européen.

- Cette dépendance conduit parfois à des tensions : la métropole se heurte à des particularismes culturels locaux voire des volontés indépendantistes (Nouvelle-Calédonie).

B Développer les activités pour vaincre l'isolement

- Les aménagements ont pour objectif de développer des activités nouvelles afin d'**enrichir l'économie locale** et de **créer des emplois**.
- **Le tourisme est le secteur principal visé par les aménagements.** Les DROM et COM attirent des touristes en quête de plages et de mers chaudes. Ce tourisme nécessite des infrastructures de transports (aéroports, routes), et d'accueil.
- Quelques territoires ont été des lieux privilégiés pour **des activités stratégiques et sensibles** : base de lancement de fusées à Kourou en Guyane, laboratoires de recherches scientifiques en Antarctique.

C Tenir compte des contraintes naturelles

- Ces aménagements doivent se réaliser dans une **logique de développement durable** pour protéger la biodiversité locale et préserver les paysages attractifs pour le tourisme.
- La **protection de l'environnement** est également nécessaire face aux risques naturels multiples. Des règles de prévention et de protection sont mises en place sous la forme d'un **Plan de Prévention des risques** (PPR), rédigé dans chaque commune
- On y interdit les constructions dans les zones à risque comme la proximité de volcans ou le long de certaines côtes.

MON récap'

L'aménagement du territoire

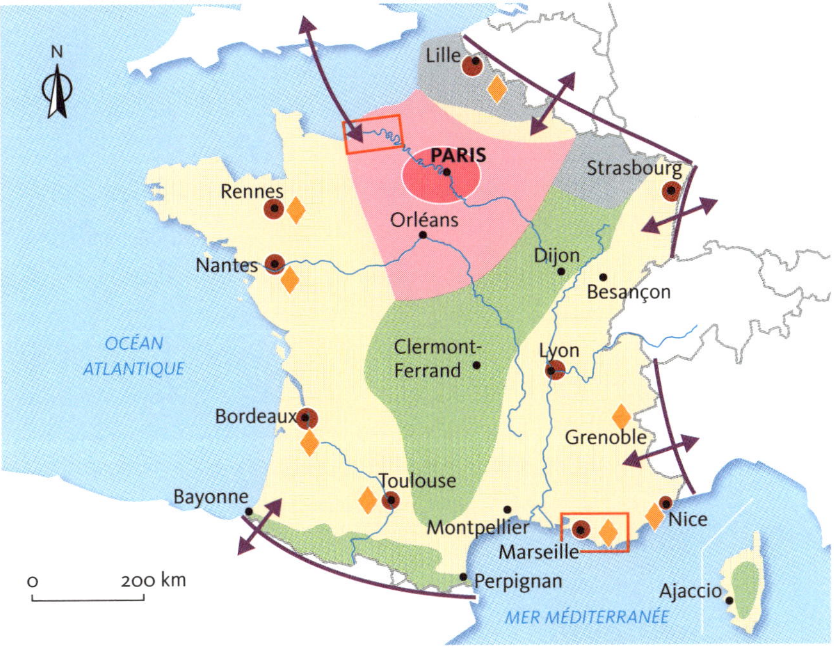

Un territoire organisé par métropoles

- Paris et la région Île-de-France
- Métropoles régionales
- Les principaux technopoles et pôles de compétitivité

Les dynamiques du territoire

- Les espaces les plus attractifs
- Les espaces dynamiques
- Les espaces peu attractifs à dominante rurale
- Les espaces en reconversion

L'ouverture sur le monde

- Principaux axes de communication ouverts sur l'espace Schengen
- Espaces frontaliers actifs
- Principales zones industrialo-portuaires (ZIP)

MA carte mentale

L'aménagement du territoire

Aménager le territoire

Où ?
Les lieux

Qui ?
Les acteurs

Comment ?
Les moyens

Pourquoi ?
Les objectifs

MON récap'

Les territoires ultramarins de la France

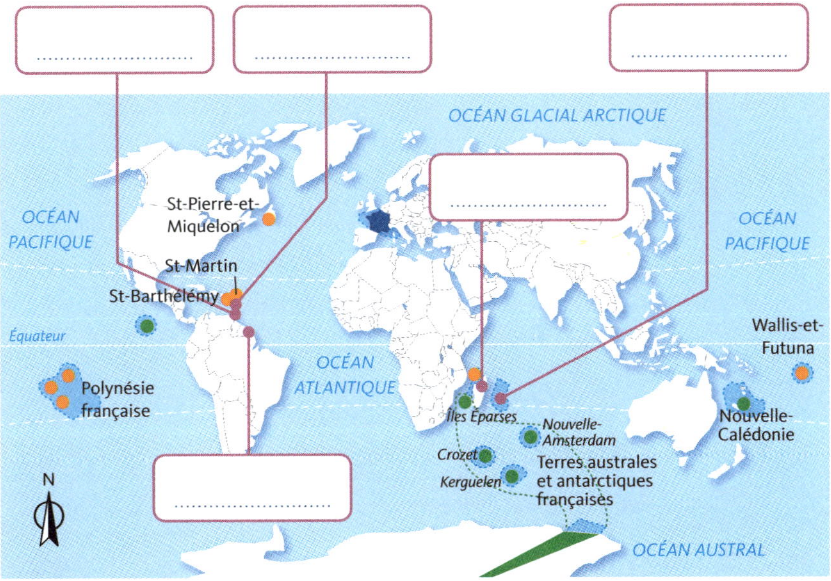

France métropolitaine

Zone économique exclusive française (ZEE)

- Département et Région d'outre-mer (DROM)
- Collectivité d'outre-mer (COM)
- Autre statut

DROM

....

....

....

....

....

....

COM

....

....

....

....

....

....

MA carte mentale

Les acteurs de l'aménagement du territoire

L'Union européenne

- Compétence 1

....

....

- Compétence 2

....

....

L'État Français

- Compétence 1

....

....

- Compétence 2

....

....

Les acteurs de l'aménagement du territoire

Les régions

- Compétence

....

....

La commune

- Compétence

....

....

Les départements

- Compétence

....

....

L'Union européenne, un territoire en construction

26

Lue Relue Apprise

mes notes

La construction européenne a beaucoup évolué depuis son lancement en 1951. L'Union européenne, créée en 1992, est une construction très originale car elle s'agrandit peu à peu.

1 Une union qui s'étend sur le continent européen

A Une histoire de plus de 60 ans

- La construction européenne a débuté autour de 6 pays – l'Allemagne, la France, l'Italie, les Pays-Bas, la Belgique et le Luxembourg – en 1951 avec la création d'une **Communauté européenne du Charbon et de l'Acier (CECA)**. La construction d'une Europe unie s'est peu à peu étendue à tout le continent européen.
- La construction européenne a vocation à unir les pays européens de plus en plus profondément. La **Communauté Économique Européenne (CEE)** est devenue **l'Union européenne (UE)** à la suite du traité de Maastricht (1992). De nouvelles politiques communes à tous les pays de l'UE permettent de renforcer les liens entre les pays.

B Un modèle qui continue à attirer

- L'UE est un modèle attractif car elle représente l'espace le plus riche du continent et une **puissance économique** importante dans le monde (elle produit 30 % du PIB mondial).
- Elle est également associée à un **modèle de respect des droits de l'Homme** (l'UE a obtenu le Prix Nobel de la paix en 2012).
- Les dernières adhésions concernent des **pays d'Europe de l'Est**, pour lesquels l'UE représente la possibilité de s'enrichir. La Bulgarie et la Roumanie ont rejoint l'UE en 2007, la Croatie est le dernier membre, entré en 2013. **Plusieurs États d'Europe restent candidats à l'adhésion.** L'Islande, la Macédoine ou encore la Turquie ont officiellement demandé à devenir membres de l'Union.
- **Ces nouvelles adhésions soulèvent cependant des débats.** Avec les derniers élargissements, des problèmes d'organisation se posent et le nombre important d'États (28) rend les accords plus difficiles à obtenir. **La question des limites de l'UE est également posée**. Les frontières géographiques de l'Europe ne sont pas claires à l'Est.
- **L'adhésion de la Turquie est remise en cause** par une partie des opinions publiques pour plusieurs raisons : le développement de ce pays très peuplé semble compliqué alors que les pays de l'UE connaissent une

mes notes

crise économique. Les frontières de la Turquie avec l'Irak et la Syrie, des pays en guerre, posent question. Enfin, la Turquie est rejetée par certains Européens qui imaginent l'Europe comme un espace culturel homogène reposant sur un passé chrétien. Or les limites historiques et religieuses ne sont pas claires (des pays de population musulmane existent aujourd'hui à l'intérieur de l'Europe, comme l'Albanie ou la Bosnie).

2 Les fondements de l'unité européenne

A La libre circulation et la monnaie unique dans l'UE

- Les liens entre les États membres ont été approfondis en 1992 par la mise en place de la libre circulation des personnes et des marchandises dans toute l'Union européenne. À l'intérieur d'un espace, appelé l'**espace Schengen**, les contrôles aux frontières ont disparu.
- L'UE soutient la création d'**eurorégions** pour renforcer les relations entre les pays voisins à l'intérieur de l'Europe.
- Depuis 1999, une **monnaie unique** existe à l'intérieur de l'UE, l'**euro** (€), entrée en circulation en 2002.

lexique

Eurorégion : regroupement de régions appartenant à plusieurs pays de l'Union européenne.

B Une union encore incomplète

- Il existe actuellement des disparités à l'intérieur de l'UE entre **des pays qui ne possèdent pas l'euro** et ceux de la zone Euro. **L'espace Schengen ne regroupe pas tous les pays de l'UE**.
- **Certains États refusent l'euro et l'ouverture des frontières** comme le Royaume-Uni. Par ailleurs, les États entrées depuis 2004 n'accèdent à l'euro qu'après avoir donné des preuves de stabilité économique.
- Face à la crise économique et face aux enjeux d'accueil des migrants et des réfugiés du Moyen-Orient, plusieurs pays remettent en cause leur appartenance à l'UE. En 2016, le Royaume-Uni a voté sa sortie de l'UE par référendum.
- Le rejet de l'Europe n'est cependant pas unanime (l'Écosse voudrait rester dans l'UE par exemple). L'avenir de l'UE est au cœur des débats dans les opinions publiques.

Les contrastes territoriaux dans l'Union européenne

27

Lue Relue Apprise

mes notes

L'Union européenne (UE) est un territoire très étendu. Une grande diversité existe à l'intérieur du territoire européen. Elle tente de gérer ces différences et de réduire les inégalités.

1 Un territoire très diversifié

A Un territoire étendu et diversifié

- **Le territoire de l'UE s'est étendu au fil des élargissements** pour atteindre 28 États en 2013. L'UE compte plus de 500 millions d'habitants répartis sur 4,5 millions de km².
- L'UE regroupe des **langues nombreuses** : langues germaniques au Nord, latines au Sud, slaves à l'Est...
- **De nombreuses religions cohabitent :** depuis plusieurs siècles, les catholiques, les protestants, les orthodoxes, les musulmans et les juifs coexistent dans les pays européens.
- **Des climats très différents** se succèdent du Nord au Sud : climat méditerranéen avec des étés secs et chauds en Espagne jusqu'au climat polaire au nord de la Suède ou Finlande.

B De profondes inégalités de développement

- **À l'intérieur de l'Europe subsistent de fortes inégalités économiques** : les pays de l'Ouest de l'Europe (les plus anciens membres de l'UE) sont plus riches que les pays de l'Est, membres récents. Les salaires occidentaux sont plus élevés qu'à l'Est (le PIB/hab. de l'Allemagne est de 38 000 € par an, il est de 12 000 € par an en Roumanie).
- Les droits sociaux (Sécurité sociale, aides au chômage...) sont plus nombreux dans les pays de l'Ouest, en France ou en Suède par exemple.
- **Une mégalopole européenne regroupe les régions les plus riches** et les plus densément peuplées (Ruhr, région de Londres par exemple). Les régions éloignées de cet espace sont moins bien reliées au réseau de communication européen et souvent moins riches.

Lexique

Mégalopole européenne : vaste espace entièrement urbanisé, dans lequel les transports sont très nombreux.

2 Des contrastes que l'UE tente de réduire

A Intégrer les territoires en retard

- Pour développer les régions en difficulté, **l'UE dispose de plusieurs programmes d'aides** comme le FEDER (Fonds européen de développement régional), qui cherche à corriger les déséquilibres régionaux par des projets d'aménagements, ou le FSE (Fonds social européen) qui aide à la création d'emplois.

mes notes

• **Ces aides sont remises en cause dans le contexte de la crise économique** qui secoue l'Europe depuis 2008. Une partie des opinions publiques et des partis politiques des régions riches refuse de financer les régions pauvres.

B Unifier le territoire européen

• Face aux nombreuses différences du continent européen, l'un des objectifs de l'UE est, depuis sa création, **d'unifier le territoire européen**. L'unification s'est réalisée par la disparition des frontières dans le cadre de la **libre circulation** instaurée en 1992.

• **Pour éviter des disparités trop importantes entre anciens et nouveaux membres, les nouvelles intégrations d'États dans l'UE se font de façon progressive**. Des programmes sont mis en place pour permettre aux pays candidats à l'adhésion de rattraper leur retard au niveau économique, politique et social avant l'entrée dans l'UE.

Doc. Une Union à plusieurs vitesses

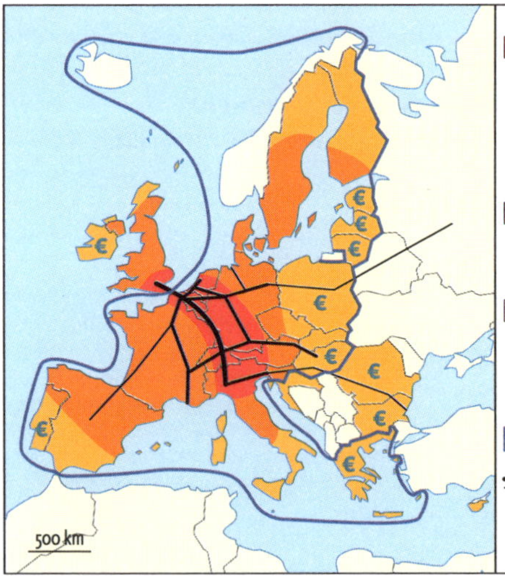

- **Mégalopole européenne** : centre de l'Europe, régions les plus riches, densités les plus fortes, axes de communication les plus nombreux
- **Périphéries proches** : régions assez bien connectées au réseau de communication
- **Espaces marginalisés** : régions connectées au centre de l'UE, plus pauvres, souvent rurales
- Espace Schengen
- Axes de transport majeurs et secondaires
- € Pays bénéficiant le plus des aides européennes

La place de la France dans une Europe en mutation

28

Lue Relue Apprise

mes notes

Deuxième pays le plus peuplé de l'Union européenne, la France joue un rôle de premier plan au sein d'une UE en pleine évolution.

1 Un territoire bien intégré dans le réseau européen

A Un carrefour européen

- Le rôle de carrefour au sein de l'Europe est renforcé par de **grands aménagements** : tunnel sous la Manche ou dans les Alpes.
- Le territoire est bien connecté au monde grâce à ses **aéroports internationaux et de grands ports** (Le Havre, Marseille).
- La France est **traversée par des flux de touristes** très importants du nord de l'Europe rejoignant les espaces touristiques en Méditerranée.

B Une connexion sans cesse améliorée avec l'Europe

- Le **TGV relie la France à la mégalopole européenne** : vers les Pays-Bas et la Belgique par le Thalys, l'Allemagne par le TGV-Est et Londres par l'Eurostar. Des **projets d'axes européens** doivent améliorer la connexion avec l'Italie et l'Espagne.
- Le développement des lignes à grande vitesse accentue les **inégalités entre les grandes métropoles et le reste du territoire français**.

2 Un rôle fondateur dans l'UE

A Le couple franco-allemand

- La France est l'un des six membres fondateurs de la construction européenne lors de la création de la CECA en 1950.
- Le partenariat avec l'Allemagne est à l'origine du projet européen. **Le couple franco-allemand demeure un moteur pour le développement de l'UE**. L'Allemagne est d'ailleurs le premier partenaire commercial de la France dans le monde.

B Un pays qui compte en Europe

- La France est le 2e pays le plus riche d'Europe derrière l'Allemagne (4 % du PIB de l'UE pour la seule région Île-de-France). 1re puissance agricole d'Europe, 2e dans l'industrie, son économie est totalement intégrée à l'UE avec qui elle réalise 60 % de ses échanges commerciaux.
- Elle est l'un membre essentiel du fonctionnement des géants industriels créés dans le cadre européen : EADS (spatial), Airbus (aéronautique).

mes notes

3 Une position qui se marginalise ?

A Quelle position face à l'Europe de l'Est ?

● La France est située à l'extrémité ouest de l'Europe, soit à l'opposé des élargissements les plus récents de l'UE vers l'est du continent. **Elle semble marginalisée face aux enjeux politiques importants** qui marquent actuellement le continent : la Russie, le conflit en Ukraine, les troubles en Turquie.

B Un modèle qui s'essouffle ?

● La France connaît des **difficultés économiques qui l'handicapent** face à la concurrence de l'Allemagne. Le revenu par habitant est en dessous de la moyenne de l'UE (seulement le 11e PIB/hab. de l'UE).

● **Des débats existent sur la place que doit tenir la France en Europe** : un moteur pour approfondir la construction européenne ou un repli sur le territoire national et une fermeture des frontières.

Doc. L'organisation des transports en Europe

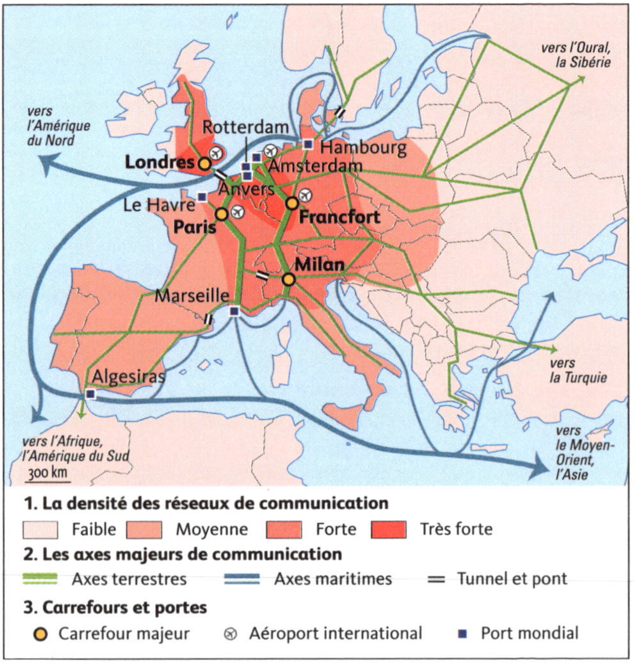

La place de la France dans le monde

29

Lue Relue Apprise

mes notes

21e pays par sa population, la France tente de maintenir un rayonnement politique et culturel dans le monde.

1 Une présence politique mondiale

A Une puissance maritime mondiale

- La France est présente dans tous les océans grâce à ses **nombreux territoires d'outre-mer** : 5 DROM et 9 COM.
- La France bénéficie de nombreuses ouvertures sur les mers par les littoraux de la métropole et les territoires d'outre-mer. Par sa **large ZEE**, la pêche est effectuée dans tous les océans.

Doc. La France omniprésente dans le monde

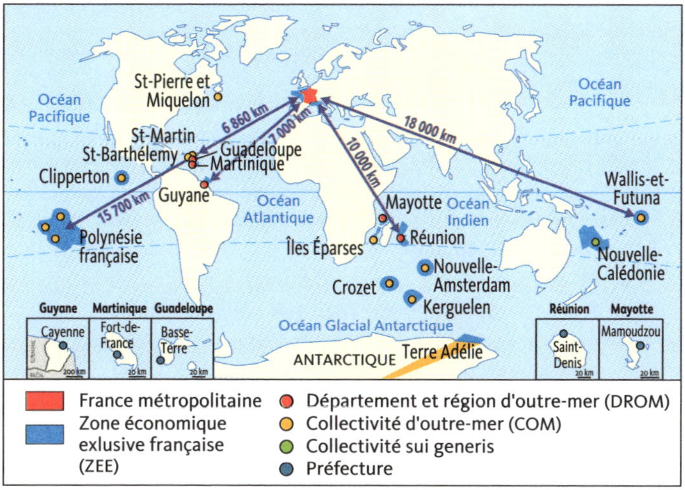

B Une présence diplomatique importante

- Ancienne puissance coloniale, la France garde des relations très étroites de **diplomatie** avec de nombreux pays d'Afrique : on parle de « **Françafrique** ». La présence française est cependant critiquée.

lexique

Diplomatie : services de politique étrangère d'un pays.

mes notes

- La France possède le **2e réseau d'ambassades le plus étendu** du monde (derrière les États-Unis), présent sur tous les continents.
- La **présence militaire française** est importante dans le monde. L'armée dispose de bases dans certains États comme Djibouti en Afrique et participe à de grandes opérations de maintien de la paix.
- **La France est active dans les grands organismes internationaux** comme l'ONU, le FMI, l'OMC, le G8 et le G20. Les actions menées lui donnent l'image de patrie des droits de l'Homme. Elle est l'un des pays qui reçoit le plus de demandes d'asile politique.

2 Une influence culturelle mondiale

A La culture française dans le monde

- La France rayonne mondialement par sa **langue**. Utilisée par 220 millions de personnes dans le monde, elle est l'une des langues les plus parlées. L'Organisation internationale de la **francophonie** a pour but de maintenir ce rayonnement.

> **lexique**
> **Francophonie** : ensemble des populations parlant la langue française.

- La présence de la France dans le monde est relayée par de grands médias francophones. **La radio RFI** et la chaîne de télévision France 24 sont écoutées notamment en Afrique mais aussi sur les autres continents.
- **La France bénéficie d'une image prestigieuse**. Sa gastronomie fait partie du patrimoine mondial de l'Unesco et est reconnue dans le monde entier, ce qui est un atout pour les activités comme le tourisme ou l'industrie du luxe.

B Des Français présents sur tous les continents

- La France est l'un des principaux donateurs d'**aides publiques au développement** du monde. Avec plus de 15 milliards d'euros, elle est le 4e donateur dans le monde. 50 % des aides françaises sont destinées à l'Afrique.
- De nombreuses **ONG** françaises agissent dans les pays pauvres (Médecins sans frontières, Médecins du Monde). Ces organisations envoient des Français sur tous les continents.
- De nombreux Français sont présents à l'étranger pour le travail, au service des grandes multinationales françaises. Les Français à l'étranger sont essentiellement **en Europe, en Afrique et en Amérique du Nord**.

> **lexique**
> **Aide publique au développement** : aide financière ou matérielle apportée par les États aux pays en développement.
> **ONG** : Organisation non gouvernementale. Organisme ne dépendant pas d'un État effectuant des actions d'intérêt public.

L'UE, une puissance à l'échelle mondiale

30

Lue Relue Apprise

mes notes

L'Union européenne est la première puissance économique du monde. Il reste encore des limites à sa puissance pour concurrencer pleinement les États-Unis, le Japon et les pays émergents.

1 Le rayonnement mondial de l'UE

A Une puissance économique mondiale

- L'UE est **l'un des trois pôles majeurs de l'économie mondiale**. Elle produit 25 % du PIB mondial, ce qui en fait la **première puissance économique** devant les États-Unis et l'Asie orientale (Chine, Japon) avec qui elle effectue l'essentiel de ses échanges.
- **L'euro offre une puissance financière mondiale à l'UE**. La monnaie européenne concurrence le dollar dans le commerce mondial.
- On trouve parmi les plus importantes firmes multinationales du monde des entreprises allemandes, françaises ou anglaises mais aussi des entreprises issues de partenariats européens comme Airbus, fabricant d'avions franco-allemand.
- Soutenue par la PAC (Politique agricole commune), l'agriculture est l'une des plus dynamiques du monde : **l'UE est la 2e puissance agricole**.
- Elle est la **1re puissance dans les services**.

B Un modèle qui attire

- L'Union européenne bénéficie d'une influence politique sur tout le continent et les espaces voisins de l'Europe. De nombreux États posent des demandes d'adhésion à l'UE (Turquie, Croatie, Maroc). L'UE entretient des relations étroites avec les pays de la Méditerranée à travers l'Union pour la Méditerranée.
- **L'UE est un acteur important dans le développement des pays pauvres** et la lutte pour la démocratie et les droits de l'Homme. **Elle est le 1er donateur d'aides publiques au développement.**
- **L'UE est un espace très développé** : le PIB par habitant est parmi les plus élevés du monde (32 200 $). Elle est très attractive pour de nombreuses populations des pays moins développés. 3 millions d'immigrés entrent chaque année sur le territoire de l'UE, venus surtout d'Afrique et d'Asie.

lexique

Union pour la Méditerranée : organisation créée en 2008, associant l'Union européenne aux autres États de Méditerranée pour une coopération dans de nombreux domaines (immigration, économie).

mes notes

Doc. **L'Union européenne au cœur des échanges commerciaux**

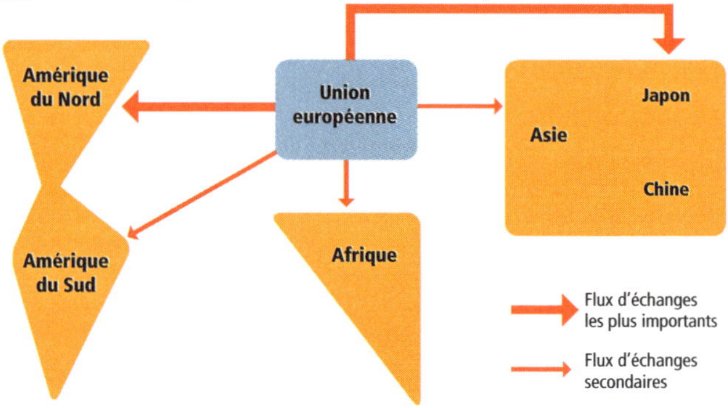

2 Les limites de la puissance européenne

A Une unité et une identité encore en question

- La crise économique qui touche l'Europe depuis 2008 accentue les inégalités sociales et économiques entre les États membres. L'unité est remise en question. Ainsi, **la place de la Grèce dans l'UE a plusieurs fois été menacée.**
- Dans ce contexte, certains **partis politiques nationalistes** remettent en cause l'euro et les politiques communes.
- Dans le cadre de la mondialisation, les pays européens entrent en concurrence les uns avec les autres. La solidarité entre les États membres est rejetée par certaines régions riches. Le désir nationaliste de repli sur ses frontières apparaît dans plusieurs pays (référendum de sortie de l'UE voté au Royaume-Uni en 2016).
- **L'identité de l'UE fait aujourd'hui débat.** Avec les élargissements de 2004 et 2007, l'UE s'est agrandie de dix nouveaux pays. La question des limites de l'UE est posée. Faut-il l'étendre jusqu'à la Russie et la Turquie ?

B Un acteur politique encore très faible

- L'Europe reste un **acteur politiquement faible**, elle ne s'exprime pas d'une seule voix. Les États membres sont autonomes.
- L'Union européenne n'est représentée dans les organismes internationaux que par l'intermédiaire des États : le Royaume-Uni et la France siègent au Conseil de sécurité de l'**ONU**.
- L'Union européenne ne possède **pas d'armée propre**.

lexique

ONU : Organisation des Nations unies. Institution internationale ayant pour but d'assurer la paix dans le monde.

MON récap'

L'Union européenne

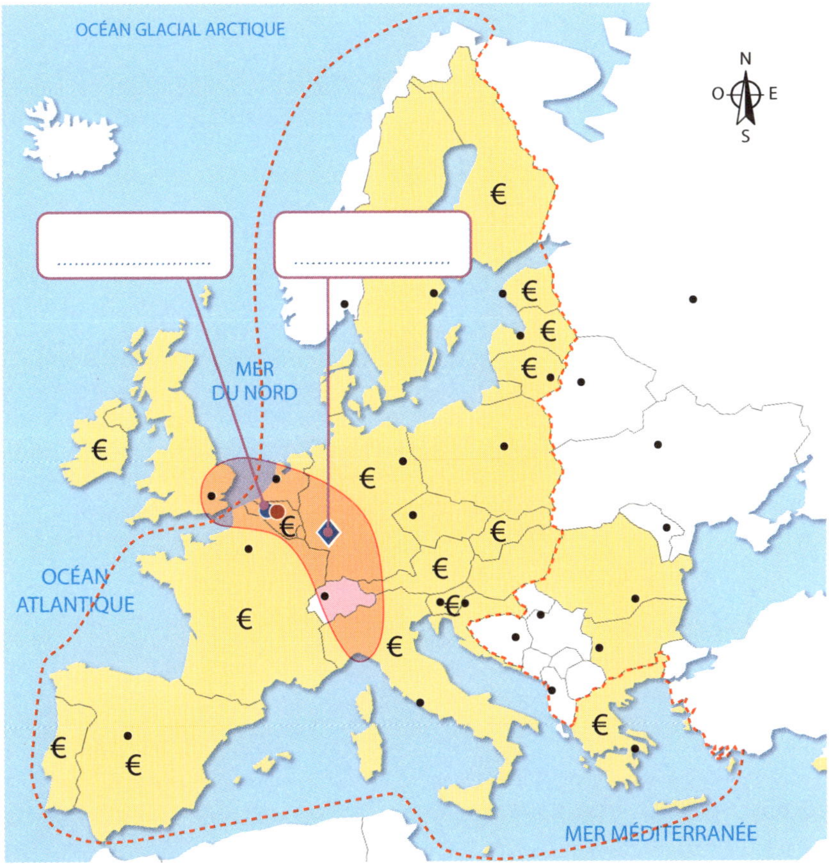

- Siège de la Banque centrale européenne
- Siège du Parlement européen
- Siège de la Commission européenne
- € Pays de la zone euro
- Pays de l'Union européenne
- Espace Schengen
- Mégalopole européenne
- Capitale de l'État

MA carte mentale

L'Union européenne

L'Union européenne : appartenir à un territoire commun

Les élargissements

Les lieux

……………………………………………

……………………………………………

Les dates

……………………………………………

……………………………………………

Les approfondissements

Économique

……………………………

……………………………

……………………………

……………………………

Politique

……………………………

……………………………

……………………………

……………………………

L'aménagement du territoire

Où ?

……………………………

……………………………

……………………………

……………………………

Comment ?

……………………………

……………………………

……………………………

……………………………

MA carte mentale

La puissance de l'Union européenne dans le monde

La puissance de l'Union européenne dans le monde

Puissance économique et commerciale

....
....
....
....
....

Puissance militaire et diplomatique

....
....
....
....
....

Puissance politique et culturelle

....
....
....
....
....

Les limites du rayonnement

....
....
....
....
....

MON récap'

L'influence française dans le monde

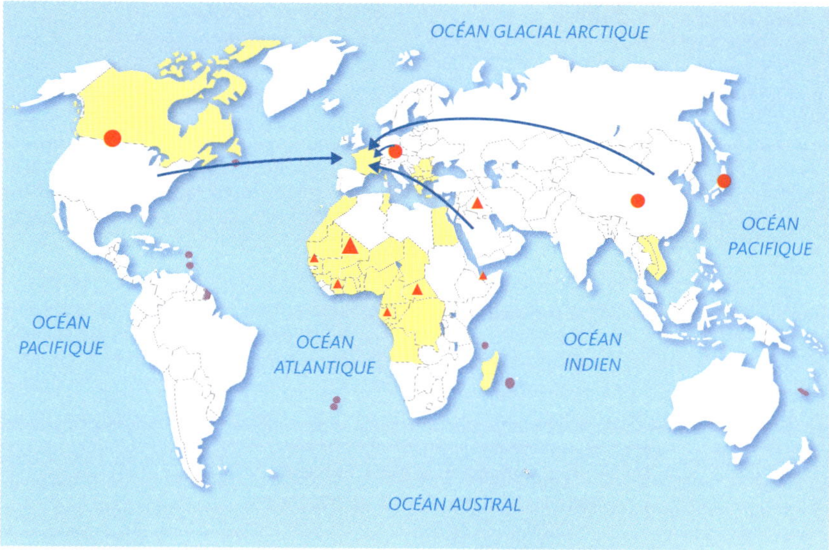

colle ton sticker

Pays francophones

DROM-COM

colle ton sticker

Principaux flux de touristes vers la France

Principaux partenaires commerciaux de la France

Présence militaire française

MA carte mentale

Le rayonnement français dans le monde

Le rayonnement français dans le monde

Où ?
....
....
....
....

Comment ?

Les territoires
....
....
....
....

Les hommes
....
....
....
....

Quelles limites ?
....
....
....
....

Pourquoi ?

L'histoire
....
....
....
....

La géographie
....
....
....
....

MON lexique

LE MOT	LA DÉFINITION	MÉMORISER AUTREMENT
Agriculture productiviste		
Aire urbaine		colle ton sticker
Aménagements		
Atouts		colle ton sticker
Conflits d'acteurs		
Contraintes		colle ton sticker

MON lexique

LE MOT	LA DÉFINITION	MÉMORISER AUTREMENT
Croissance urbaine		colle ton sticker
Décentralisation		colle ton sticker
Espace Schengen		colle ton sticker
Firme transnationale		colle ton sticker
Francophonie		
Industrie agroalimentaire		

MON lexique

LE MOT	LA DÉFINITION	MÉMORISER AUTREMENT
Insularité	………………………………	
Intégration régionale	………………………………	
Isolement	………………………………	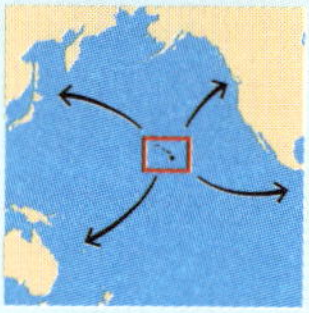
Mégalopole européenne	………………………………	colle ton sticker
Métropoles	………………………………	colle ton sticker
Migrations pendulaires	………………………………	⟷

MON lexique

LE MOT	LA DÉFINITION	MÉMORISER AUTREMENT
Néoruraux	....	
Périurbanisation	....	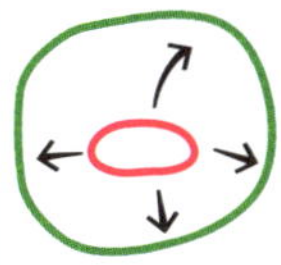
Pôle de compétitivité	....	colle ton sticker
PAC	....	colle ton sticker
Puissance	....	
Reconversion	....	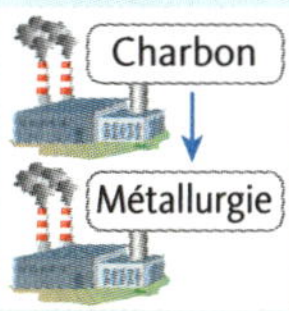

MON lexique

LE MOT — LA DÉFINITION — MÉMORISER AUTREMENT

Technopole

Tertiarisation

Tourisme

colle ton sticker

Tourisme vert

ZEE

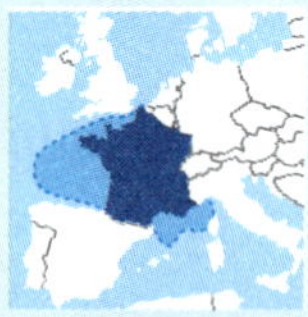

Zone euro

colle ton sticker

Valeurs, principes et symboles républicains

31

Lue Relue Apprise

mes notes

La Constitution de la Ve République définit les grands principes et les symboles sur lesquels se fonde la République française.

1 Une nation unie

A La nation est formée de citoyens

- Le peuple français constitue une **nation** composée de **citoyens** qui partagent une même langue, une histoire et des valeurs communes.
- **La nation est unie par une même langue.** Le français est la langue officielle du pays depuis la Révolution française. Elle est parlée par tous les citoyens (article 2 de la Constitution de 1958). C'est la seule langue enseignée à l'école comme langue maternelle. Des langues régionales sont acceptées sur le territoire national mais ne remplacent pas le français.
- Les citoyens sont unis par une histoire commune. De grands événements sont commémorés comme des symboles de la République : le 14 juillet, fête nationale, commémore la fête de la Fédération organisée le 14 juillet 1790, en souvenir de la prise de la Bastille.

lexique

Nation : ensemble de personnes ayant conscience de vivre comme un groupe uni sur le même territoire et sous les mêmes lois.

Citoyen : personne qui a le droit de participer à la vie politique.

B Des symboles communs à tous les citoyens

- Les **symboles** sont inscrits dans la Constitution de la **République** française. Ils datent de la Révolution française et sont **présents dans les lieux importants** de la nation (mairies, écoles). Ces symboles sont issus de l'histoire du pays.
- **Le drapeau tricolore bleu-blanc-rouge** est définitivement adopté en 1848. Le bleu et le rouge, couleurs de la ville de Paris, sont associés au blanc, couleur de la royauté.
- La République est personnifiée par **une allégorie : Marianne**. Elle est le symbole de la liberté.
- **Une devise affirme les valeurs essentielles de la République** : « Liberté, égalité, fraternité ». Elle est inscrite sur les façades des mairies.
- La France possède **un hymne national, *La Marseillaise***. Il est destiné à l'origine à l'armée venue de Marseille combattre les Autrichiens et les Prussiens en Alsace. La Marseillaise est adoptée définitivement comme hymne national en 1879 sous la IIIe République.

lexique

République : régime politique dans lequel le peuple possède le pouvoir politique.

lexique

Allégorie : représentation d'une idée abstraite sous la forme d'un objet ou d'une personne.

mes notes

2 Les principes de la République

● L'article 1 de la Constitution de la Vᵉ République de 1958 associe la République à quatre grands **principes fondamentaux** : la République est indivisible, laïque, démocratique et sociale.

Lexique
Principes fondamentaux : grandes idées sur lesquelles se fonde la République.

A Une République indivisible

● Selon ce principe, ni le territoire français ni la nation française ne doivent être divisés. **La loi est la même pour tous les citoyens**.

● **L'État est unique**. Le pouvoir est exercé par des élus nationaux qui se réunissent dans la capitale, Paris.

B Une République laïque

● **L'État doit rester neutre face aux religions**. Depuis la loi de 1905, l'État ne finance aucune religion. Aucune administration française ne doit prendre parti pour une religion.

● Dans tous les lieux publics (écoles...), **aucun signe religieux trop visible n'est autorisé**.

● La laïcité n'interdit pas l'exercice d'une religion. Au contraire, ce principe permet d'assurer une **liberté de culte** de façon personnelle.

C Une République démocratique

● La République est dite **démocratique**. **Tous les citoyens sont égaux devant la loi,** ils possèdent tous les mêmes droits fixés par les textes de droit.

● **Le pouvoir appartient au peuple, il est exercé par des représentants élus au suffrage universel** : les députés de l'Assemblée nationale, chargés de voter les lois, le président de la République.

● **Les pouvoirs sont séparés** : le pouvoir **exécutif** appartient au président et à son Gouvernement, le pouvoir **législatif** est exercé par l'Assemblée nationale et le Sénat. La **justice** est rendue de façon indépendante.

D Une République sociale

● L'État assure à tous les citoyens français une assistance en cas de difficultés : **la Sécurité sociale permet à tous d'avoir accès à des soins médicaux**.

● Des aides financières comme le **revenu de solidarité active** (RSA) sont apportées aux personnes dans le besoin.

Nationalité, citoyennetés française et européenne

32

☐ Lue ☐ Relue ☐ Apprise

mes notes

La citoyenneté française est liée à la possession de la nationalité, elle donne des droits sur le territoire. La citoyenneté nationale s'associe maintenant à une citoyenneté européenne.

1 Nationalité française et droits du citoyen

A Les fondements de la nationalité française

- Le **droit du sang donne automatiquement la nationalité française à la naissance** si au moins l'un des deux parents est français.
- **Les personnes nées sur le territoire français de parents étrangers peuvent obtenir la nationalité sur demande** à partir de l'âge de 13 ans. La nationalité est sinon donnée à la majorité par le **droit du sol**.
- Les étrangers mariés avec un Français ou une Française obtiennent la nationalité française après 4 ans de mariage.
- **La nationalité peut être accordée par naturalisation** à condition de vivre en France depuis au moins 5 ans, d'avoir une maîtrise suffisante du français et de l'histoire de France, et de signer la Charte des droits et des devoirs du citoyen français.

Lexique

Droit du sang : la nationalité est donnée par un membre de la famille, parent ou ascendant plus éloigné.

Droit du sol : la nationalité est donnée par le lieu de naissance.

Lexique

Naturalisation : procédure pour obtenir une autre nationalité que celle d'origine.

B Être citoyen

- Tout individu possédant la nationalité française devient **citoyen français** à partir de l'âge de la majorité, fixé à 18 ans depuis 1974.
- **Le citoyen possède de nombreux droits** définis dans la *Déclaration des droits de l'Homme et du citoyen* de 1789. Il peut voter et être élu.
- **Les citoyens participent à l'élaboration de la loi**, par l'intermédiaire de leurs représentants nationaux élus lors d'élections législatives ou présidentielles. Le **référendum** permet aux citoyens de donner leur avis sur un projet de loi.

Lexique

Référendum : consultation des citoyens par le président de la République sur un projet de loi. Ils répondent par *oui* ou par *non*.

mes notes

2 Droits et devoirs des habitants du territoire

A Des droits communs à toute la population

● Tout habitant du territoire français, qu'il soit Français ou étranger, bénéficie de **droits économiques, sociaux, culturels** (le droit à la santé, à l'éducation, au logement, au travail, à l'identité). L'État assure une **protection sociale** aux Français mais aussi aux étrangers vivant en France. Ces droits sont affirmés par les grands textes de droits français et internationaux.

lexique

Protection sociale : couverture des dépenses de santé assurée par l'État.

● **Ces droits ont été obtenus progressivement après des luttes parfois violentes,** comme le droit de vote lors de la Révolution française.

● Tous les habitants du territoire ont aussi des devoirs. Chacun a le devoir **de respecter les lois, de payer les impôts et de respecter les droits d'autrui**.

B Des droits différents

● Les résidents étrangers non européens ne peuvent pas participer aux élections françaises ou européennes.

● Certains droits des étrangers non européens en France dépendent d'autorisations émises par l'État (travailler en France par exemple).

3 La citoyenneté européenne

A Un statut récent

● Depuis le traité de Maastricht (1992), tout individu détenant la nationalité d'un pays membre de l'Union européenne possède également la **citoyenneté européenne**. Elle renforce l'identité européenne **qui est matérialisée par l'euro et le drapeau européen**.

● Cette citoyenneté ne fait pas disparaître la citoyenneté nationale, elle se superpose à elle et donne de nouveaux droits.

B Les droits des citoyens européens

● Tous les citoyens européens peuvent voter et se présenter aux élections européennes destinées à élire les représentants au Parlement européen. Un citoyen européen vivant dans un autre pays de l'UE que le sien peut voter et être élu aux élections municipales.

● La citoyenneté permet depuis 2007 de s'exprimer directement par le biais d'une pétition, c'est l'**initiative citoyenne européenne**.

MA carte mentale

La République française

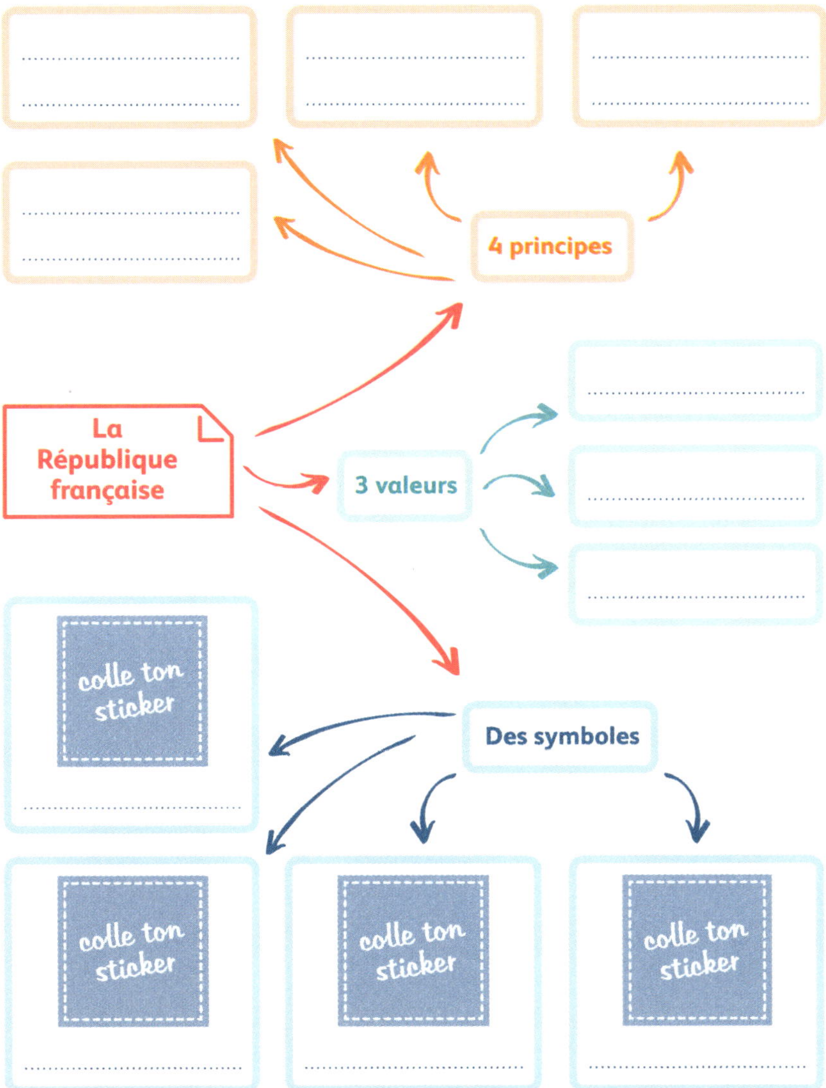

MA carte mentale

Nationalité et citoyenneté

Nationalité et citoyenneté

Française

Devoirs

……………………………………
……………………………………
……………………………………

Droits

……………………………………
……………………………………
……………………………………

Acquisition

……………………………………
……………………………………
……………………………………
……………………………………
……………………………………
……………………………………

Européenne

Droits

……………………………………
……………………………………
……………………………………
……………………………………
……………………………………

Acquisition

……………………………………
……………………………………
……………………………………
……………………………………
……………………………………

La vie politique

Lue Relue Apprise

mes notes

33

Dans un pays démocratique comme la France, la politique est l'affaire de tous et chacun peut être concerné.

1 Les institutions de la Vᵉ République

- La France est une **démocratie indirecte** : le peuple confie à des représentants élus la charge de le gouverner.
- Les députés et le président de la République sont élus au **suffrage universel direct**. Les citoyens peuvent être appelés à s'exprimer par **référendum**.

Doc. Les institutions de la Vᵉ République

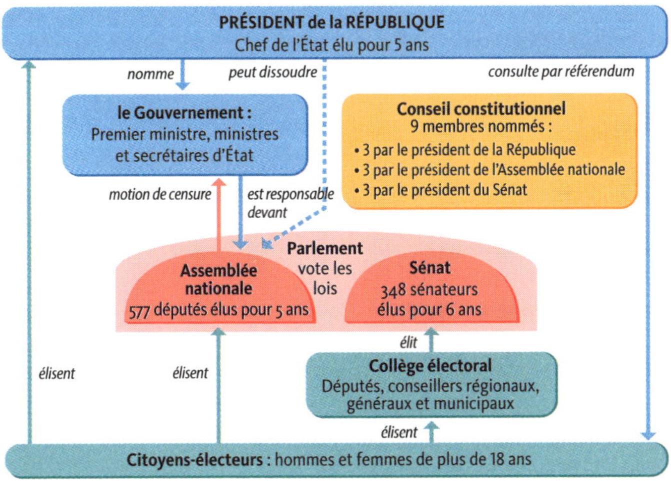

2 Plusieurs niveaux de gouvernement

A La commune et le département

- Chaque citoyen appartient à une commune dirigée par un **maire**, qui est élu par les **conseillers municipaux**, eux-mêmes élus au suffrage universel direct par les habitants de la commune.
- Des communes voisines peuvent s'associer au sein d'une **intercommunalité** pour gérer en commun des budgets lourds et leurs difficultés.

mes notes

- Toutes les communes sont rattachées à un département. Leurs habitants élisent des **conseillers généraux** qui gèrent les collèges et l'aménagement du territoire départemental.

B La région

- Depuis les années 1980, l'État a engagé une **décentralisation** de son pouvoir. Les régions sont devenues des acteurs importants du gouvernement des territoires.
- Dirigées par des **conseillers régionaux** élus au suffrage universel direct, elles sont chargées de mettre en valeur leur territoire. Elles gèrent les transports régionaux ainsi que les lycées.

lexique

Décentralisation : abandon par l'État d'une partie de ses compétences au profit des régions.

C L'Europe

- L'État partage une part croissante de son pouvoir avec l'Union européenne. De nombreuses lois votées par le Parlement français ne sont que la retranscription dans le droit français de lois européennes.

3 Les partis politiques

A Qu'est-ce qu'un parti ?

- Un parti politique est une association de citoyens qui partagent les mêmes valeurs politiques et militent pour un projet de société commun.
- Ils élaborent un programme **qu'ils soumettent au vote des électeurs** lors des élections auxquels ils présentent des candidats.

B Pourquoi des partis ?

- L'existence de plusieurs partis politiques défendant des positions contradictoires est nécessaire au bon fonctionnement de la **démocratie**.
- Chaque citoyen se sent compris, représenté et défendu, même si ses idées sont minoritaires et donc pas reprises par le Gouvernement.

C Les citoyens et les partis

- Seule une minorité de citoyens adhèrent à un parti politique : ce sont des militants, qui donnent de leur temps pour faire vivre leur parti. De nombreux citoyens se sentent proches d'un parti sans y adhérer : ce sont des sympathisants.
- Dans certaines communes, des conseils de quartiers permettent aux habitants de participer directement à la gestion de leur lieu de vie.

La vie sociale

Lue Relue Apprise

34

mes notes

D'autres moyens que la politique et les élections permettent aux citoyens de participer à la vie de leur pays.

1 Les syndicats

A Qu'est-ce qu'un syndicat ?

- **Un syndicat est une association de travailleurs** réunis pour défendre leurs droits et leurs intérêts. Ils sont autorisés en France depuis 1884.
- Comme pour les partis politiques, le **pluralisme des syndicats** est une règle de la République. Il existe plusieurs syndicats. Tous n'ont pas les mêmes avis et les mêmes objectifs.
- Ils peuvent tous être présents dans les institutions qui prennent les décisions (les comités d'entreprises par exemple). Les **représentants syndicaux** sont élus par un vote individuel des travailleurs lors des **élections professionnelles**.

Les principaux syndicats

- **CGT** : Confédération générale du travail
- **CFDT** : Confédération française démocratique du travail
- **CFTC**: Confédération française des travailleurs chrétiens
- **FO** : Force ouvrière
- **SUD** : Solidaires, unitaires et démocratiques

B Les Français et leurs syndicats

- Les syndicats français se caractérisent par le **faible nombre de leurs adhérents.**
- Bien qu'ils défendent les intérêts des travailleurs, seule une minorité d'entre eux (10 %) en est membre. C'est le plus faible niveau d'Europe.

Doc. Taux de syndicalisation en Europe en 2014

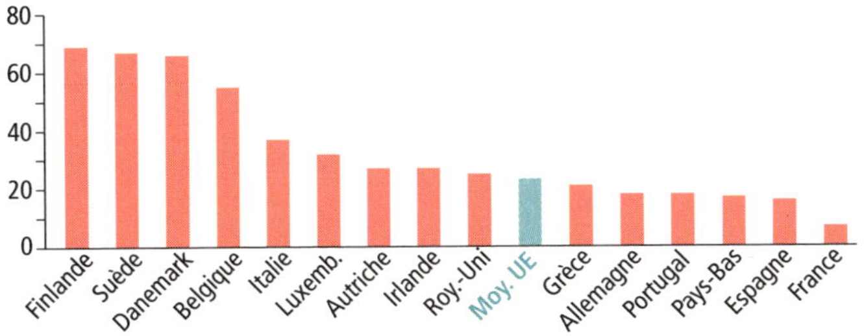

Source : OCDE.

mes notes

2 Le rôle des syndicats

A Un rôle important

- Les syndicats ont des rôles importants dans le monde du travail.
- Leur rôle a été renforcé petit à petit.

Doc. Les dates-clés

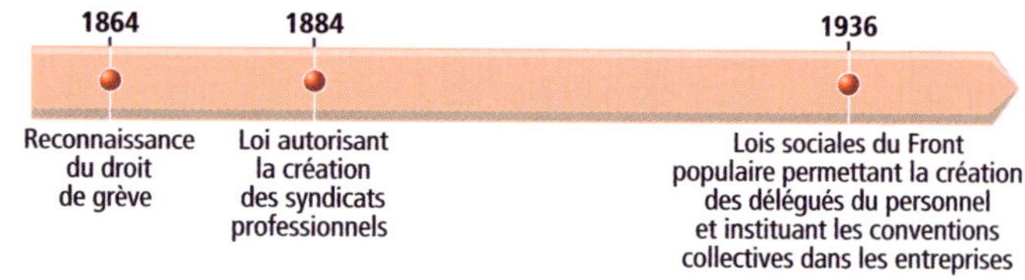

B Des actions variées

- Les syndicats sont chargés de **représenter les salariés adhérents** du syndicat devant leur employeur. Ils permettent à un salarié de **se défendre** face à son employeur. S'il était seul, il n'aurait pas les moyens et peut-être pas le courage de se faire entendre, par crainte de représailles.
- Ils **défendent les intérêts** de leurs adhérents en négociant avec les employeurs. Dans certains cas, les syndicats peuvent appeler à la grève, c'est-à-dire à l'arrêt du travail et même parfois au blocage du lieu de travail. Grâce à leur action, qui va **de la négociation à la grève**, ils ont permis aux travailleurs d'obtenir de meilleures conditions de travail : diminution du temps de travail, hausse des salaires, congés payés.
- Ils peuvent aussi **apporter des informations** diverses aux salariés (sur les évolutions de carrière, la vie de l'entreprise, les discussions en cours).

L'opinion publique et les médias

35

Lue Relue Apprise

mes notes

Les partis et les associations ont recours aux médias, qui jouent un rôle important dans la formation de l'opinion publique.

1 Les médias

A Une nécessité démocratique

- Pour qu'une démocratie puisse fonctionner, il faut que chacun puisse exprimer ses opinions, mais également qu'il puisse les faire connaître aux autres pour tenter de les convaincre.
- C'est précisément le rôle des médias (radio, télévision, presse écrite) que de **servir de relais à la diversité des opinions** afin de permettre à chacun de se forger la sienne. La **liberté de la presse** a été accordée par une loi en 1881

B Des médias trop puissants ?

- On reproche souvent aux médias de modeler l'**opinion publique** en ne donnant la parole qu'à des personnes dont ils partagent les idées.
- Ils sont également accusés de susciter des comportements par le simple fait d'en parler à la télévision.

C Encadrer les médias

- Pour éviter de telles dérives, le **Conseil supérieur de l'audiovisuel** (CSA) est chargé de contrôler les radios et les télévisions. Il vérifie notamment que des propos contraires à la loi n'y sont pas tenus.
- En période électorale, il s'assure que chaque candidat bénéficie d'un égal accès aux médias pour s'exprimer.

2 Le poids croissant d'Internet

A Une technologie nouvelle

- Apparu au grand public au début des années 1990, **Internet est un réseau** qui met en relation instantanée des ordinateurs situés aux quatre coins du monde.
- Ce réseau stocke des millions d'informations sur des pages web qui, grâce à l'existence de moteurs de recherche, sont facilement accessibles aux internautes.

ne pas confondre

- **Internet** est un réseau qui permet de faire circuler des données d'un ordinateur à un autre.
- Le **web** est un des services (comme le mail, la vidéo, etc.) accessibles par Internet, qui permet de créer des sites contenant des informations.

mes notes

B Un outil de communication

- **Internet modifie le rapport des citoyens à l'information** : ils ne sont plus seulement des récepteurs d'une information sélectionnée et écrite par d'autres. Ils peuvent diffuser leurs propres informations et opinions qui seront accessibles à la terre entière.
- Les hommes politiques ont compris tout l'intérêt d'Internet et possèdent tous des blogs, des listes de diffusion et des comptes sur Facebook ou Twitter pour diffuser leurs idées.

C Quel contrôle pour Internet ?

- Étant un réseau mondial, **Internet est difficilement contrôlable par les États**.
- Il n'existe ainsi aucune règle obligeant un site Internet à respecter un équilibre dans le traitement de l'information. Des débats existent sur la fiabilité des informations sur Internet.

3 L'opinion publique

A Mesurer l'opinion publique

- L'opinion publique désigne l'ensemble des idées partagées par une population à propos d'un sujet donné.
- L'opinion publique peut être mesurée à l'aide de **sondages** : en interrogeant un échantillon représentatif de la population, on peut en déduire l'avis de l'ensemble de la population.

Les principaux instituts de sondage

- **SOFRES** : Société française d'enquêtes par sondages.
- **IPSOS**

B Sondages et élections

- Les sondages sont notamment utilisés en période électorale afin d'anticiper les résultats d'un vote et de voir quel candidat parvient à convaincre le plus d'électeurs.
- Ils sont accusés de fausser le résultat des élections car ils contribuent non seulement à mesurer mais aussi à **orienter le vote des électeurs**. C'est pourquoi ils sont interdits en fin de campagne électorale.
- Il arrive fréquemment aux sondages de se tromper, car ils mesurent l'état de l'opinion à un moment donné mais l'opinion publique est en constante évolution. Aucun institut de sondage n'avait ainsi anticipé la présence de J.-M. Le Pen au second tour des présidentielles de 2002, ou la victoire du *non* au référendum sur la Constitution européenne de 2005.

MA carte mentale

L'engagement

L'engagement

Politique

Pourquoi ?

....

....

....

Comment ?

....

....

....

Médiatique

Pourquoi ?

....

....

....

Comment ?

....

....

....

Social

Pourquoi ?

....

....

....

Comment ?

....

....

....

MON récap'

La vie démocratique : les élections

NOM DE L'ÉLECTION	QUI EST ÉLU ?	OÙ SIÈGE-T-IL ?	DURÉE DU MANDAT
Élections européennes	....	....	....
Élections présidentielles	....	....	....
Élections sénatoriales	....	....	....
Élections législatives	....	....	....
Élections régionales	....	....	....
Élections départementales	....	....	....
Élections municipales	....	....	....

LES ÉLECTIONS

....

....

....

....

....

....

....

....

La recherche de la paix dans le monde

36

Lue Relue Apprise

mes notes

Face aux conflits multiples dans le monde, les États tentent de s'organiser pour assurer la paix et juger les criminels au niveau international.

1 Coopérer pour maintenir la paix

A Le rôle compliqué des Nations unies

- L'organisation des Nations unies (ONU) a été créée en 1945 **dans le but d'assurer le maintien de la paix dans le monde** après la Seconde Guerre mondiale dévastatrice.
- **La quasi-totalité des pays sont membres de l'ONU**. 193 États participent aux réunions de l'Assemblée générale située à New York aux États-Unis. Ils assurent en commun le financement de l'ONU.
- **La négociation est privilégiée sur la force**. Le Secrétaire général intervient comme intermédiaire entre les pays en conflit.
- Le Conseil de sécurité vote des **résolutions** si la négociation échoue. Il peut décider d'un **embargo** contre un État, envoyer des soldats (**les casques bleus**) qui s'interposent entre les forces présentes et protègent les populations.
- **Des difficultés de fonctionnement rendent parfois l'action de l'ONU lente**. Les discussions peuvent être parfois difficiles à aboutir. Chacun des 5 membres permanents du Conseil de sécurité peut bloquer une décision en appliquant son **droit de veto**.

lexique

Résolution : décision votée par le Conseil général ou l'Assemblée générale de l'ONU.

Embargo : interdiction de circulation des marchandises imposée à un pays.

lexique

Droit de veto : droit d'arrêter immédiatement des discussions et de s'opposer à une décision commune.

B Des projets multiples pour assurer la paix

- Lors des guerres, l'ONU intervient par le biais de **plusieurs programmes pour faire face aux besoins d'urgence des populations** : l'OMS et la FAO apportent des aides alimentaires et de santé.
- **De nombreuses ONG interviennent dans les pays en guerre** pour secourir les populations en dehors du cadre de l'ONU : Médecins du Monde intervient par exemple pour soigner et nourrir les civils.
- Chaque État tente de se protéger contre les menaces envers son territoire, son économie (par l'espionnage industriel par exemple). Un système de collaboration internationale en matière de sécurité a été instauré : la **sécurité collective**. Des actions peuvent s'effectuer à travers des organisations internationales comme l'OTAN ou l'ONU.

mes notes

Doc. **Le fonctionnement des Nations unies**

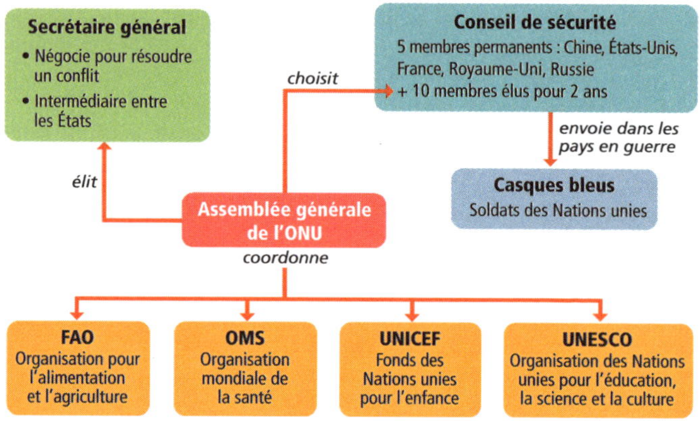

2 Créer une justice internationale

A Une mise en place progressive

- Les premiers **tribunaux pénaux internationaux** (TPI) ont été créés après 1945, lorsqu'il a fallu juger les dignitaires nazis. **Les procès de Nuremberg**, retransmis par les médias de nombreux pays, ont accusé ces hommes de **génocide**.
- **Plusieurs TPI ont depuis été mis en place** pour juger des personnes accusées de **crimes contre l'humanité** : depuis 1993, le TPIY juge les acteurs des guerres en Yougoslavie ; en 1996, le TPIR juge les auteurs du génocide au Rwanda.
- **Une justice internationale permanente** a été mise en place depuis 1998 : la Cour pénale internationale (CPI) installée à La Haye aux Pays-Bas.

lexique

Génocide : crime reposant sur la volonté de détruire tout un peuple.

Crime contre l'humanité : actes inhumains et toutes les formes de persécutions perpétrés sur des populations.

B Une justice encore imparfaite

- **L'influence de cette cour reste limitée**. De grandes puissances ne reconnaissent pas la CPI (les États-Unis, la Chine, la Russie).
- **La CPI est critiquée pour la lenteur de ses procès**. À ce jour, un seul verdict a été prononcé, condamnant M. Lubanga pour ses actes pendant la guerre en République démocratique du Congo.

La Défense nationale en France

37

Lue Relue Apprise

mes notes

La France doit protéger son territoire, sa population et ses intérêts économiques contre d'éventuelles attaques. Elle tente également de jouer un rôle dans le maintien de la paix à l'échelle internationale.

1 Les acteurs de la défense nationale

A Les forces de l'ordre au cœur de la défense nationale

- **L'armée** joue le premier rôle dans le cadre de la défense du territoire français. La force **Sentinelle** regroupe près de 13 000 soldats en poste sur le territoire national. Au sein de l'armée, la gendarmerie tient également un rôle essentiel.
- **La police et les CRS** ont pour rôle, en cas d'évènements particuliers, de prévenir les troubles à l'ordre public et d'intervenir, en cas de débordement, dans le cadre de la loi.
- Face aux menaces accrues d'attentats terroristes, des **agences nationales de renseignement** sont chargées de mener la surveillance contre les menaces potentielles de certains individus.

B L'État responsable de la sécurité du pays

- Le président de la République est le premier garant de la sécurité de la France et de l'ordre sur le territoire. Il est le chef des armées.
- Dans son Gouvernement, le ministre de la Défense dirige les armées, le ministre de l'Intérieur contrôle la gendarmerie nationale.
- L'Assemblée nationale peut engager les armées dans une guerre.

C Un devoir pour tous

- Les citoyens participent à la logique de défense. Jusqu'en 1997, les hommes devaient à leur majorité accomplir un service militaire. Une Journée de Défense et de Citoyenneté (JDC) a ensuite été instaurée pour les filles et les garçons à 18 ans.
- La JDC a été remplacée en 2010 par **un parcours de la citoyenneté**, censé conduire les enfants à la citoyenneté en plusieurs étapes.
- **L'armée française s'est professionnalisée** progressivement. Il n'existe plus de **mobilisation** des citoyens.

les étapes du parcours de la citoyenneté

– enseignement de la défense en 3e puis en classe de 1re ;
– le recensement à 16 ans en mairie ;
– la Journée de défense et citoyenneté (JDC) à effectuer avant 18 ans.

lexique

Mobilisation : réquisition d'une partie de la population pour former l'armée.

mes notes

2 Les missions variées de l'armée

- Les menaces venues d'États étrangers sont moins fortes contre le territoire depuis la fin de la Guerre froide. La France doit cependant tenir compte de **nouvelles menaces** : espionnage industriel, risques naturels et humains, terrorisme, etc. Le rôle de l'État est d'assurer une défense globale de la France.
- Les forces de l'ordre constituées par la gendarmerie et l'armée ont un rôle de plus en plus tourné vers la **prévention des risques** et la **surveillance**. Elles restent vigilantes face aux menaces terroristes.
- Des programmes permettent de renforcer de façon ponctuelle la **surveillance de la société**, comme le plan Vigipirate. Le président de la République peut, en cas de situation particulièrement grave et de façon extraordinaire, décréter un « **état d'urgence** » qui permet d'accentuer encore les surveillances de la société et de limiter certaines libertés individuelles.

lexique

Espionnage industriel : espionnage d'industries françaises par des concurrents étrangers.

Défense globale : protection du pays menée par tous les services de l'État contre toutes les menaces.

Plan Vigipirate : ensemble des mesures de sécurité prises pour faire face à une menace ou pour réagir face à une attaque terroriste.

Doc. L'organisation de la défense nationale

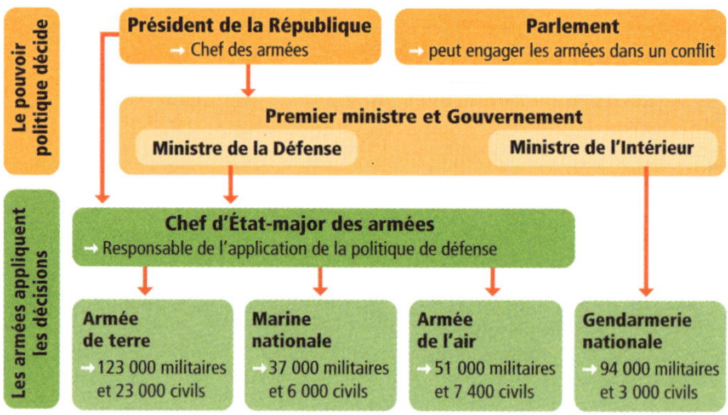

L'action internationale de la France

38

Lue Relue Apprise

mes notes

L'armée française est l'une des plus importantes au monde avec plus de 30 000 hommes en opérations. De par son histoire, la France tient un rôle essentiel dans les actions internationales de maintien de la paix.

1 Une puissance active pour la sécurité internationale

lexique

Force de dissuasion : technique ayant pour but d'empêcher les ennemis d'attaquer un pays par crainte des représailles.

- L'influence politique et militaire de la France dans le monde est importante. **Elle possède la bombe nucléaire**. Cette arme est un moyen de maintenir la paix en éloignant les menaces extérieures par la **dissuasion**.
- **Les troupes françaises sont présentes dans de nombreuses zones d'affrontement**, en Afrique et au Moyen-Orient notamment. Elles interviennent dans le cadre de l'OTAN, des missions des casques bleus de l'ONU ou de coalitions internationales, comme en Syrie.
- Des forces sont stationnées dans les territoires français éloignés de la métropole (Polynésie française, Nouvelle-Calédonie par exemple). La France possède ses propres bases militaires dans des pays africains (Djibouti, Sénégal).
- **L'action de la France dans le monde est liée à ses engagements européens.** La France coopère ainsi avec les autres pays membres de l'UE dans le cadre de la Politique européenne de sécurité et de défense (**PESD**). La France participe aux missions communes de surveillance des frontières de l'UE (programme **Frontex**) ou encore à l'opération de lutte contre la piraterie dans l'Océan indien (opération **Atalante**).

2 Les actions de l'armée française dans le monde

- Les armées françaises se voient confier **de multiples missions dans les pays en guerre**. L'intervention armée sur les champs de bataille reste un des rôles principaux.
- Beaucoup d'actions sont tournées vers l'**assistance aux populations civiles** par l'apport d'aides humanitaires (Haïti, Népal après les tremblements de terre).
- Les **activités stratégiques constituent une grande partie de l'action de l'armée**. Il s'agit de repérage et de surveillance des menaces dans les zones de conflits Les militaires utilisent des techniques modernes de haut niveau comme les satellites.

mes notes

Doc. La présence militaire française dans le monde en 2016

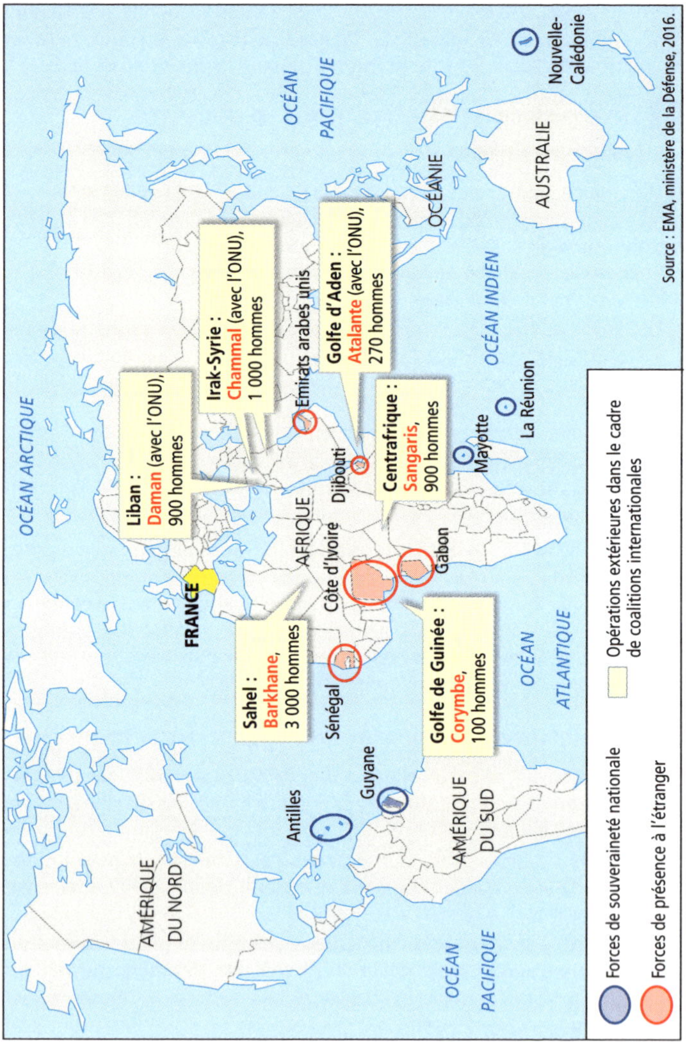

MA carte mentale

La Défense nationale

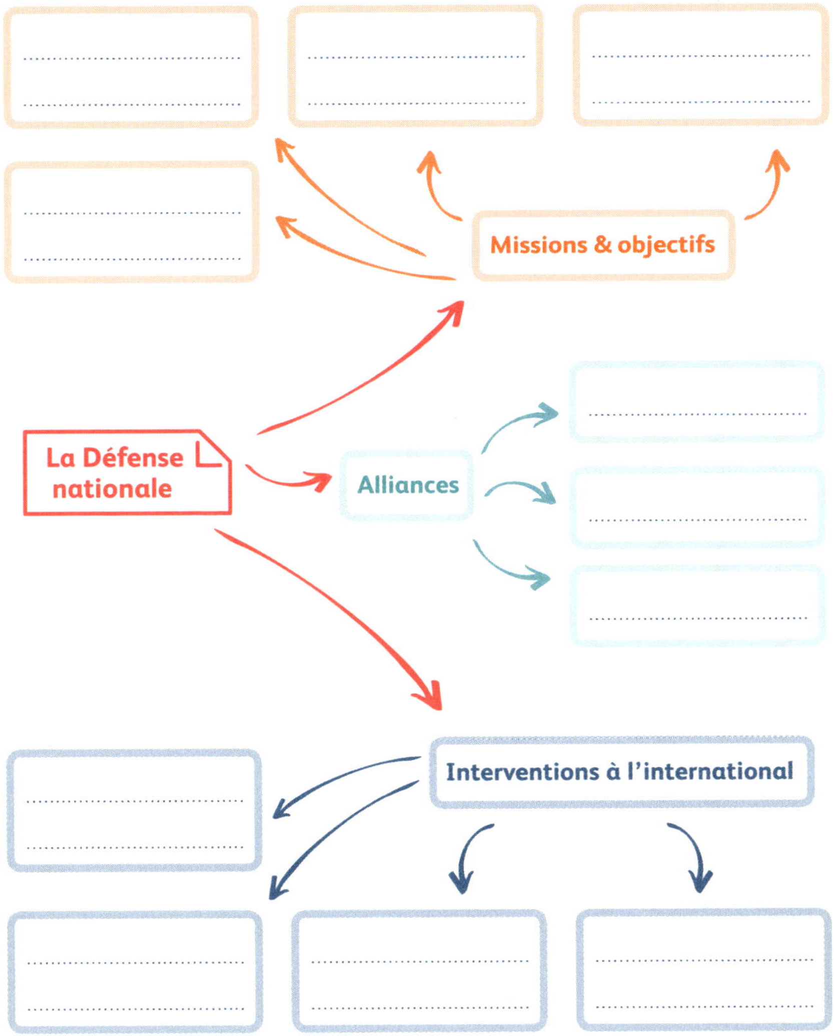

MA carte mentale

L'organisation de la Défense nationale

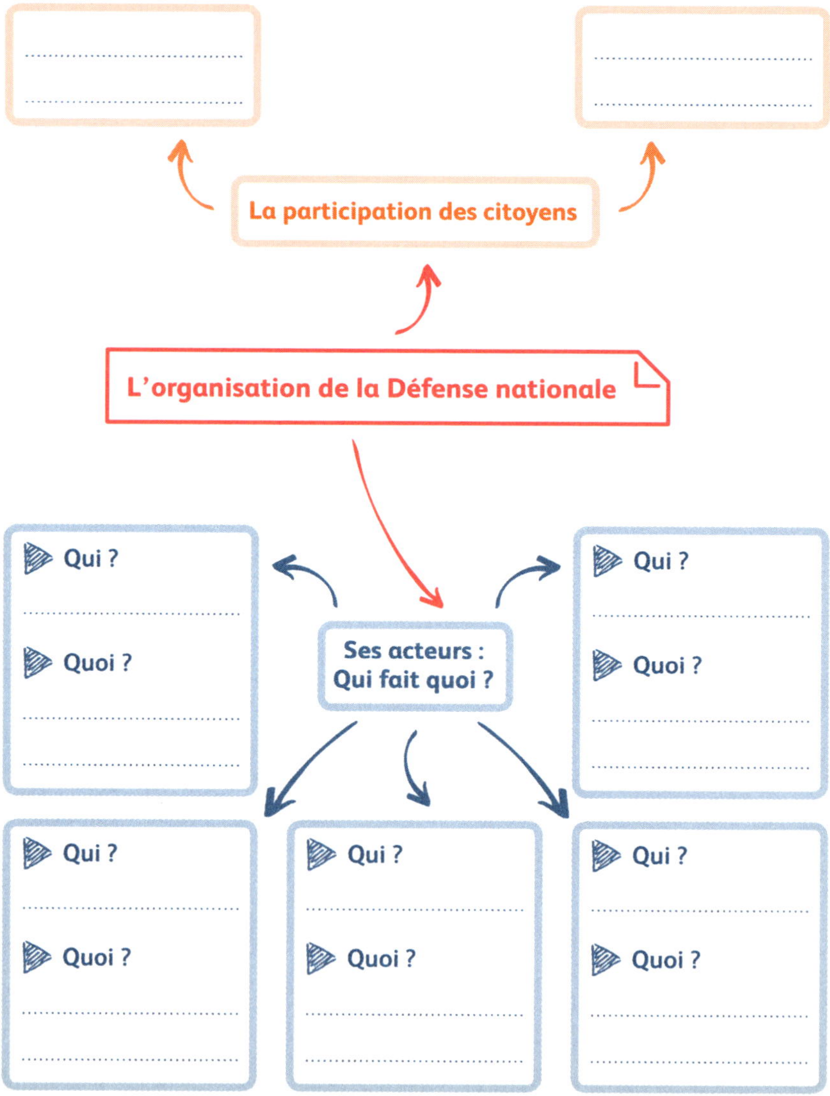

MON lexique

LE MOT	LA DÉFINITION	MÉMORISER AUTREMENT
Abstention		
Administration		
Associations		colle ton sticker
Casques Bleus		colle ton sticker
Citoyen		
Citoyen européen		

MON lexique

LE MOT	LA DÉFINITION	MÉMORISER AUTREMENT
Collectivités territoriales	....	colle ton sticker
Conseil constitutionnel	....	
Constitution	....	colle ton sticker
Décentralisation	....	colle ton sticker
Démocratie	....	colle ton sticker
Dissolution	....	

MON lexique

LE MOT	LA DÉFINITION	MÉMORISER AUTREMENT
Droit du sang	....	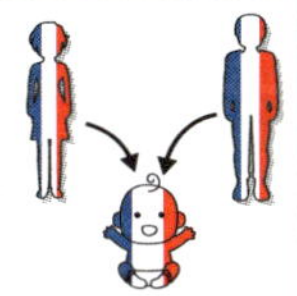
Droit du sol	....	
Électeur	....	colle ton sticker
Force de dissuasion	....	
Indivisibilité	....	
Journée Défense et Citoyenneté	....	colle ton sticker

MON lexique

LE MOT

LA DÉFINITION

MÉMORISER AUTREMENT

Laïcité

Mandat

colle ton sticker

Mode de scrutin

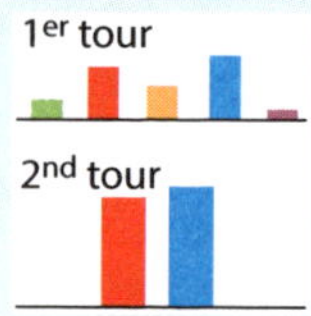

Nationalité

Naturalisation

colle ton sticker

Navette

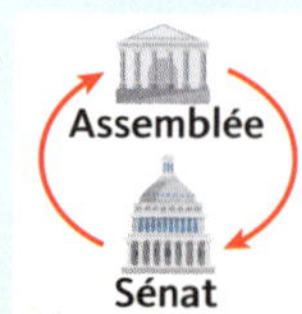

MON lexique

LE MOT | LA DÉFINITION | MÉMORISER AUTREMENT

ONG

colle ton sticker

Parlement

Préfet

Référendum

République

colle ton sticker

Syndicats

colle ton sticker

MES notes

MES notes

Responsable éditoriale : Raphaëlle Mouray
Édition : Charlotte Davreu, Nicolas Waszak, Julie Langlais
Conception graphique intérieur : Julie Lannes, Élise Launay
Schémas : Corédoc
Frises : Renaud Scapin
Cartographie : Légendes Cartographie, Afdec
Composition : Linéale
Couverture : Élise Launay
Fabrication : Adeline Caillot

Crédits photographiques

p. 17 Clemenceau BIS/ph. Nadar © Archives Labor ; p. 18 et 27 Blum BIS/ph. Nadar © Archives Labor ; p. 21 et 27 Pétain BIS/ph. J.L Charmet © Archives Bordas ; p. 22 et 27 de Gaulle BIS/ph. J.L Charmet © Archives Bordas ; p. 27 Lénine Ph. Lou ©Archives Larbor Staline © Coll. Archives Nathan Hitler BIS/Ph. G. Tomsich © Archives Bordas ; p. 29 Gandhi © Archivo L.A.R.A/Planeta ; p. 30 Hô Chi Minh © BIS/Ph. Coll. Archives Larbor.

Stickers (de gauche à droite et de haut en bas) : DR ; AP/Sipa ; Corbis/Bettmann ; Sipa Press/Hadj ; Magnum Photos/Wayne Miller ; La Documentation française, photo François Pagès/Paris-Match ; DR ; Alexis Duclos/Gamma Rapho ; DR ; © Archivo L.A.R.A/Planeta ; La Documentation française ; Sipa/G.A.F.F.

N° éditeur : 10258222
Dépôt légal : décembre 2018
Imprimé en France en septembre 2019 par Clerc

LES stickers !

Je connais

Il me manque des connaissances...

À revoir !

POUR flécher et planifier

À RETENIR | À RETENIR | À RETENIR | À RETENIR

À RETENIR | À RETENIR | À RETENIR | À RETENIR

IMPORTANT | IMPORTANT | IMPORTANT | IMPORTANT

IMPORTANT | IMPORTANT | IMPORTANT | IMPORTANT

À REVOIR | À REVOIR | À REVOIR | À REVOIR

À REVOIR | À REVOIR | À REVOIR | À REVOIR

à réviser pour le...

à réviser pour le...

à réviser pour le...

à réviser pour le...

à réviser pour le...

à réviser pour le...

à réviser pour le...

à réviser pour le...

Pour compléter mes fiches perso

Stickers-bonus